73 CRIME & DETECTION
74 RUSSIA
75 LIGHT
76 ENERGY
77 ELECTRICITY
78 FORCE & MOTION

81 TIME & SPACE
82 ASTRONOMY
83 EARTH
84 LIFE
85 EVOLUTION
86 ECOLOGY
87 HUMAN BODY
88 MEDICINE

89 TECHNOLOGY
90 ELECTRONICS
91 RENAISSANCE
92 IMPRESSIONISM
93 GOYA
94 MANET
95 MONET
96 VAN GOGH

97 WATERCOLOR
98 PERSPECTIVE
99 DANCE
100 FUTURE
101 MYTHOLOGY
102 LEONARDO & HIS TIMES
103 OLYMPICS
104 MEDIA & COMMUNICATION

105 TITANIC
106 FOOTBALL
107 HURRICANE & TORNADO
108 SOCCER
109 PRESIDENTS
110 BASEBALL
111 EPIDEMIC
112 WORLD WAR II

113 SUPER BOWL
114 CIVIL WAR
119 SHAKESPEARE
120 WILD WEST

121 AMERICAN REVOLUTION
122 INDIA
127 BASKETBALL
128 BUDDHISM

129 SUBMARINE
130 TEXAS

PECES

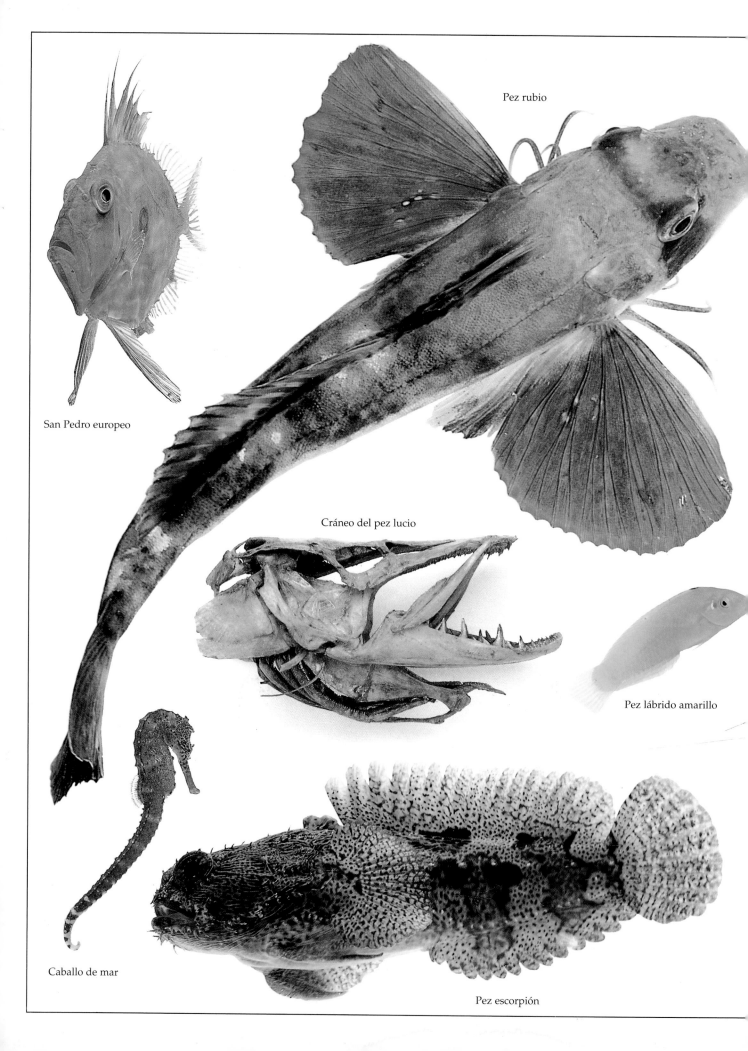

San Pedro europeo

Pez rubio

Cráneo del pez lucio

Pez lábrido amarillo

Caballo de mar

Pez escorpión

GUÍAS VISUALES

PECES

Pez jarrete cubano

Pez gramma real

Escrito por
STEVE PARKER

Pez ballesta

Pez gato

Puercoespín globo

Guitarra
espinuda

Cíclido amarillo

Pez cirujano

DK

DK Publishing, Inc

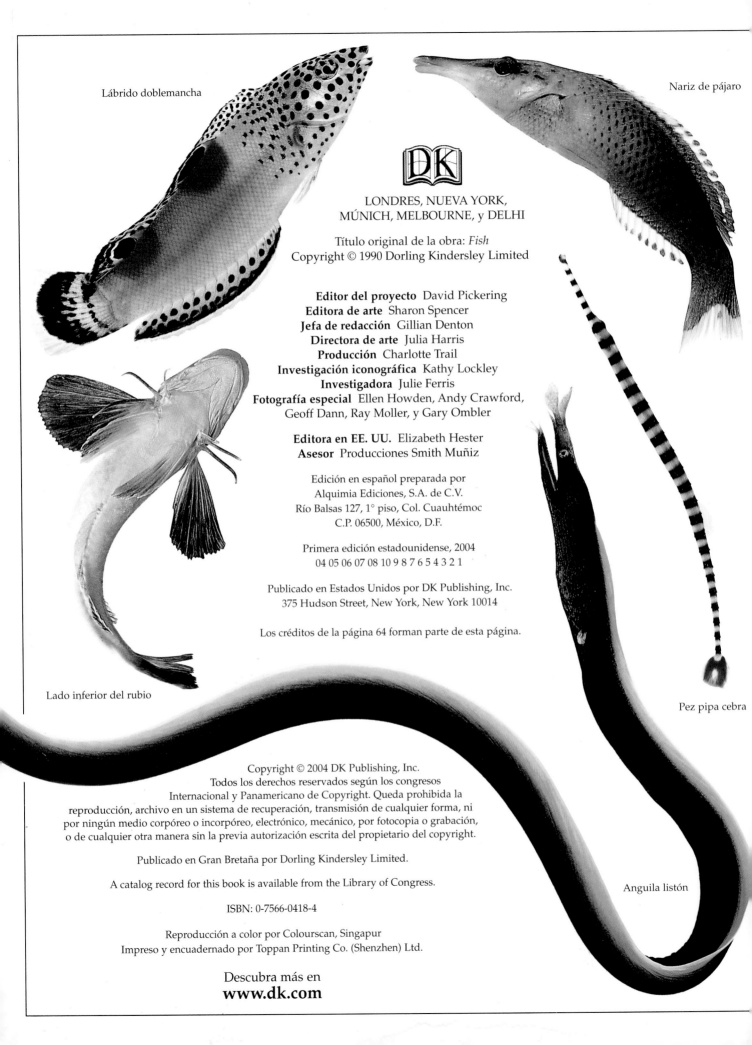

Lábrido doblemancha

Nariz de pájaro

DK

LONDRES, NUEVA YORK,
MÚNICH, MELBOURNE, y DELHI

Título original de la obra: *Fish*
Copyright © 1990 Dorling Kindersley Limited

Editor del proyecto David Pickering
Editora de arte Sharon Spencer
Jefa de redacción Gillian Denton
Directora de arte Julia Harris
Producción Charlotte Trail
Investigación iconográfica Kathy Lockley
Investigadora Julie Ferris
Fotografía especial Ellen Howden, Andy Crawford,
Geoff Dann, Ray Moller, y Gary Ombler

Editora en EE. UU. Elizabeth Hester
Asesor Producciones Smith Muñiz

Edición en español preparada por
Alquimia Ediciones, S.A. de C.V.
Río Balsas 127, 1° piso, Col. Cuauhtémoc
C.P. 06500, México, D.F.

Primera edición estadounidense, 2004
04 05 06 07 08 10 9 8 7 6 5 4 3 2 1

Publicado en Estados Unidos por DK Publishing, Inc.
375 Hudson Street, New York, New York 10014

Los créditos de la página 64 forman parte de esta página.

Lado inferior del rubio

Pez pipa cebra

Publicado en Gran Bretaña por Dorling Kindersley Limited.

A catalog record for this book is available from the Library of Congress.

ISBN: 0-7566-0418-4

Reproducción a color por Colourscan, Singapur
Impreso y encuadernado por Toppan Printing Co. (Shenzhen) Ltd.

Anguila listón

Descubra más en
www.dk.com

Contenido

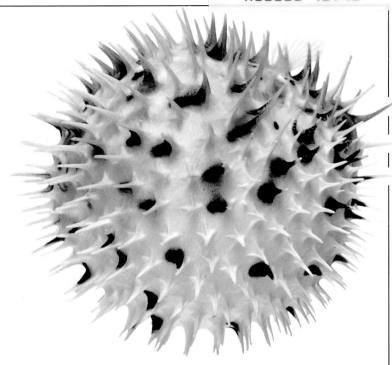

Pez puercoespín totalmente inflado

¿Qué es un pez?

La mítica sirena, con cuerpo de mujer y cola de pez, puede ser resultado de los deseos de marinos en sus largos viajes

LA PALABRA "PEZ" EVOCA diferentes imágenes a las personas. Unas visualizan un aerodinámico tiburón; otras, un grupo de peces tropicales de colores nadando como flechas en un arrecife de coral. Incluso hay quien piensa, equivocadamente, en los mamíferos que viven en el agua, como los delfines y las ballenas. Los peces son, en realidad, un grupo extenso y variado de fascinantes criaturas acuáticas, especialmente diseñadas para la vida bajo el agua. Hay tres grupos principales de peces (p. 9), cada uno de ellos evolucionados de distintas formas, como muestra su cuerpo y estructura interna. Tan diferentes son entre sí, que compararlos es como comparar mamíferos con reptiles. Sin embargo, podemos establecer algunas generalidades: la mayoría vive en el agua, respiran a través de branquias, tienen el cuerpo escamoso, nadan y maniobran con sus aletas. Son vertebrados, lo cual significa que tienen una espina dorsal o una estructura semejante, así como un esqueleto interno en vez de un caparazón. Hay cinco grandes grupos de vertebrados: peces, anfibios, reptiles, aves y mamíferos. Los últimos cuatro grupos tienen una gran variedad de seres pero, ¡hay tantas especies de peces (unos 20,000) como en todos los grupos juntos!

Finas espinas soportan la menbrana de la aleta

Línea lateral

Aleta caudal bilobulada ("cola", p. 30)

FISONOMÍA DEL PEZ
La carpa europea común muestra la típica "fisonomía del pez", aunque sólo llega a medir hasta 3 pies (1 m) de largo. La forma básica del pez es ahusada, con la parte frontal puntiaguda y muy aerodinámica, lo que le permite deslizarse con suavidad en el agua. Del lomo a la panza, la carpa es "más alta" que muchas especies, lo cual indica que no es una nadadora veloz. Hay dos tipos principales de aletas: pares (una a cada lado del cuerpo) y medias o impares. Las pares son las pectorales y pélvicas, que ayudan a dirigir y maniobrar. Las aletas medias son dorsales (algunas especies tienen hasta tres), la anal (o ventral) y la aleta caudal, comúnmente llamada cola. Las aletas dorsal y anal dan al pez estabilidad –como la quilla a un barco–, mientras que, en la mayoría de las especies, la cola proporciona la fuerza de propulsión.

Aleta anal

Cubierta de mucosidad limosa para deslizarse en el agua y protegerse de los parásitos

Aleta pélvica derecha

Tiburón ballena

Gobio pigmeo enano

GRAN PEZ, PEQUEÑO PEZ
Los peces varían en tamaño más que cualquier otro grupo de animales vertebrados. El más grande es el inofensivo tiburón ballena, que se alimenta al filtrar materia orgánica del agua; crece hasta 49 pies (15 m) de largo y pesa más de 20 toneladas. El más pequeño es el gobio pigmeo enano de Filipinas, de sólo .3 pulg (8 mm) de longitud.

Gobio pigmeo enano (tamaño natural)

¿Qué no es un pez?

Varios animales son considerados "peces" sólo porque viven en el agua, aunque, en verdad, no son peces. Delfines, focas y ballenas, aunque tienen forma de pez, son mamíferos y deben salir a la superficie a respirar. Los mariscos, como los mejillones y las jibias, son moluscos. Otros, como el cangrejo y la estrella de mar, tampoco son peces.

Delfín nariz de botella

Jibia del Atlántico

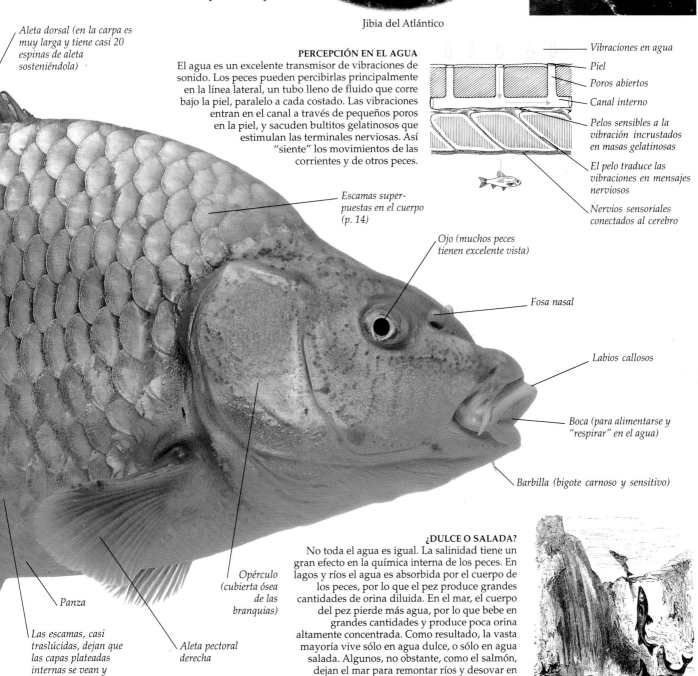

Aleta dorsal (en la carpa es muy larga y tiene casi 20 espinas de aleta sosteniéndola)

Escamas super-puestas en el cuerpo (p. 14)

Ojo (muchos peces tienen excelente vista)

Fosa nasal

Labios callosos

Boca (para alimentarse y "respirar" en el agua)

Barbilla (bigote carnoso y sensitivo)

Panza

Las escamas, casi traslúcidas, dejan que las capas plateadas internas se vean y sirvan de camuflaje

Opérculo (cubierta ósea de las branquias)

Aleta pectoral derecha

PERCEPCIÓN EN EL AGUA

El agua es un excelente transmisor de vibraciones de sonido. Los peces pueden percibirlas principalmente en la línea lateral, un tubo lleno de fluido que corre bajo la piel, paralelo a cada costado. Las vibraciones entran en el canal a través de pequeños poros en la piel, y sacuden bultitos gelatinosos que estimulan las terminales nerviosas. Así "siente" los movimientos de las corrientes y de otros peces.

Vibraciones en agua

Piel

Poros abiertos

Canal interno

Pelos sensibles a la vibración incrustados en masas gelatinosas

El pelo traduce las vibraciones en mensajes nerviosos

Nervios sensoriales conectados al cerebro

¿DULCE O SALADA?

No toda el agua es igual. La salinidad tiene un gran efecto en la química interna de los peces. En lagos y ríos el agua es absorbida por el cuerpo de los peces, por lo que el pez produce grandes cantidades de orina diluida. En el mar, el cuerpo del pez pierde más agua, por lo que bebe en grandes cantidades y produce poca orina altamente concentrada. Como resultado, la vasta mayoría vive sólo en agua dulce, o sólo en agua salada. Algunos, no obstante, como el salmón, dejan el mar para remontar ríos y desovar en agua dulce. Son conocidos como especies anádromas. Las anguilas hacen lo opuesto (p. 49) y son conocidas como catádromas.

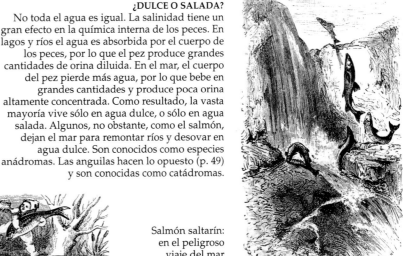

Salmón saltarín: en el peligroso viaje del mar hacia el río

Piscis, el pez, es un signo del Zodiaco

El interior de un pez

E<small>L PEZ TÍPICO</small> tiene muchos de los órganos que tienen las aves, reptiles, y aun en mamíferos como nosotros. Un esqueleto les proporciona su armazón interno (p. 10). Su cerebro recibe datos del mundo exterior a través de órganos sensoriales como los ojos o la línea lateral (p. 7) y coordina los complejos movimientos de maniobrar y nadar efectuado por grupos de músculos. En vez de pulmones, los peces poseen branquias que hacen el mismo trabajo: obtener oxígeno. El corazón del pez bombea sangre a través de una red de vasos, mientras que el sistema digestivo procesa la comida y obtiene nutrimentos para crecer y restaurar su organismo. Varias glándulas producen jugos digestivos y sustancias químicas (hormonas) que de controlan el desarrollo. También tienen órganos sexuales para reproducirse (p. 40). Al estudio científico de los peces se le llama ictiología.

Cómo respiran

Todos los animales, desde las águilas hasta los peces, necesitan oxígeno para sobrevivir. En tierra, el oxígeno está en el aire que se respira. El agua tiene también oxígeno en forma diluida. Los peces "respiran" en el agua valiéndose de las branquias. El flujo de agua enriquece la sangre en las branquias; el oxígeno pasa al torrente sanguíneo por las finas membranas de aquéllas, y finalmente se distribuye a todo el cuerpo.

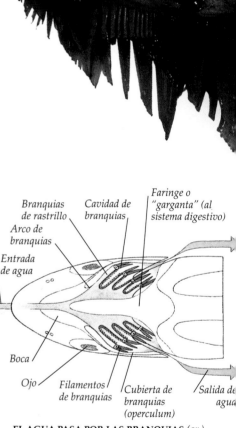

LA DÚCTIL VEGIJA NATATORIA
Se desarrolla como una ramificación del intestino. En muchos peces espinosos controla la flotación (ar.). En algunos peces tropicales de agua dulce se conecta a los órganos auditivos y amplifica el sonido (c.). En los peces pulmonados es doble y absorbe oxígeno del aire que tragan (ab.).

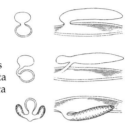

Vejigas natatorias; vista frontal (i.), vista lateral (d.)

PEZ ESPINOSO
Un típico pez espinoso, como la percha, tiene la mayoría de sus órganos en la parte media frontal inferior del cuerpo. El resto de su interior consiste en bloques de músculos que le ayudan a nadar. Ciertos peces, como las carpas, no tienen estómago, sino un intestino firmemente enrollado.

Médula espinal en el esqueleto *Riñón* *Estómago*
Vejiga natatoria
Esófago
Cerebro

Vejiga urinaria
Ano
Ovario (hembra) *Intestino* *Bazo* *Bolsas pilóricas* *Hígado* *Corazón* *Arco de agallas*

PEZ CARTILAGINOSO
El tiburón tiene en general los mismos órganos que los peces óseos, aunque carece de vejiga natatoria. Cerca de la parte posterior del intestino, una rara estructura en forma de tirabuzón, conocida como válvula espiral, probablemente aumenta la superficie que absorbe los nutrimentos.

Riñón *Estómago* *Médula espinal en el esqueleto*
Ovario *Arco de branquias* *Cerebro*
Cloaca (salida de heces, orín, huevos y esperma) *Intestino* *Faringe*
Bazo *Hígado* *Esófago* *Corazón*

PEZ SIN MANDÍBULAS
El tracto digestivo de la lamprea glutinosa es algo más que un tubo recto de la boca al ano. Además, no "respira" con branquias, sino con bolsas internas de branquias ligadas a la faringe y revestidas con finos vasos sanguíneos.

Intestino *Médula espinal* *Bolsa de branquia* *Esófago* *Cerebro*
Ano *Hígado* *Corazón* *Salida agallas simple* *Boca*

Branquias de rastrillo *Cavidad de branquias* *Faringe o "garganta" (al sistema digestivo)*
Arco de branquias
Entrada de agua
Boca
Ojo *Filamentos de branquias* *Cubierta de branquias (operculum)* *Salida de agua*

EL AGUA PASA POR LAS BRANQUIAS (ar.)
Si bien la mayoría de los peces toma tragos de agua, dentro de la cámara de branquias existe un flujo constante. Cuando entra una bocanada de agua por delante, la cubierta de las branquias (opérculo) se cierra con fuerza para evitar que escape. El pez cierra entonces su boca y presuriza el agua dentro de ella. Este flujo pasa las branquias y en su salida empuja, hasta abrir, la cubierta plana de agallas. (En los tiburones, cada arco de branquias tiene su abertura, que abre desde afuera). En los nadadores veloces, como la macarelas y los atunes, la presión del agua producida por la propulsión del pez es suficiente para que el agua pase por las branquias.

RCOS DE BRANQUIAS O AGALLAS

as branquias de un pez grande y activo, como el atún, deben
xtraer suficiente oxígeno del agua para dar energía a la activi-
ad muscular. Bajo cada hendidura hay cuatro branquias, cada
na soportada por un arco óseo en forma de V. Cada arco dis-
one de una doble hilera de filamentos, y cada filamento consta
e muchos pliegues llamados laminillas. Esto proporciona un
rea para extraer oxígeno equivalente a 10
eces el cuerpo del pez.

*Filamentos de branquias
(vista posterior), hechos de
pliegues llamados laminillas*

*as branquias rígidas rastrilla-
ras (vista frontal) filtran el
gua al pasar por las branquias*

*ostén óseo
el arco de
ranquias*

ranquia de
tún (ligeramente
ás grande que su
amaño natural)

ESPIRAR FUERA DEL AGUA

lgunos peces sobreviven en
guas calientes y pobres en
xígeno tragando aire y
bsorbiendo el oxígeno que
ecesita. El picarucu (arapaima), un
igante amazónico de 13 pies (4 m),
raga aire en su vejiga natatoria
nida a la faringe. El pez cobra
oma aire a través de las plegadas
olsas con vasos sanguíneos de su
aringe.

Picarucu (arapaima)

Pez cobra

PRINCIPALES GRUPOS DE PECES VIVIENTES

Sin mandíbulas (agnatos)			lamprea, lamprea glutinosa	Cerca de 45 especies
Cartilaginosos (condrictios)			tiburón, rayas	Cerca de 600 especies
	Tiburones y rayas (elasmobranquios)			
			sígano, pez rata	20 especies
	Quimeras (holocéfalos)			
Óseos (osteictios)			celacanto	1 especie
	Aletas lobuladas (sarcopterigios)	Aletas borladas (crosopterigios)	pulmonados, australiano y africano	7 especies
		Pulmonados (dipnoos)	esturión, espátula, bichir	36 especies
		Condrósteos		
	Aletas con radios (actinopterigios)	Holósteos	aguja, boufín	8 especies
		Teleósteos	perchas, carpas, y miles de otros peces óseos modernos	Más de 25,000 especies en conjunto

PRINCIPALES GRUPOS DE PECES

En la evolución se han
extinguido miles de
especies de peces; pero
quedan restos fósiles
que dan indicios de
una relación con los
grupos modernos
(p. 12). Algunas
especies raras y
desconocidas se ubican
en grupos aparte, pues
son los únicos
parientes lejanos de los
peces ya extintos.
Algunos, como el pez
pulmonado, puede ser
representar a los
antecesores de los
primeros vertebrados
terrestres.

Los huesos de un pez

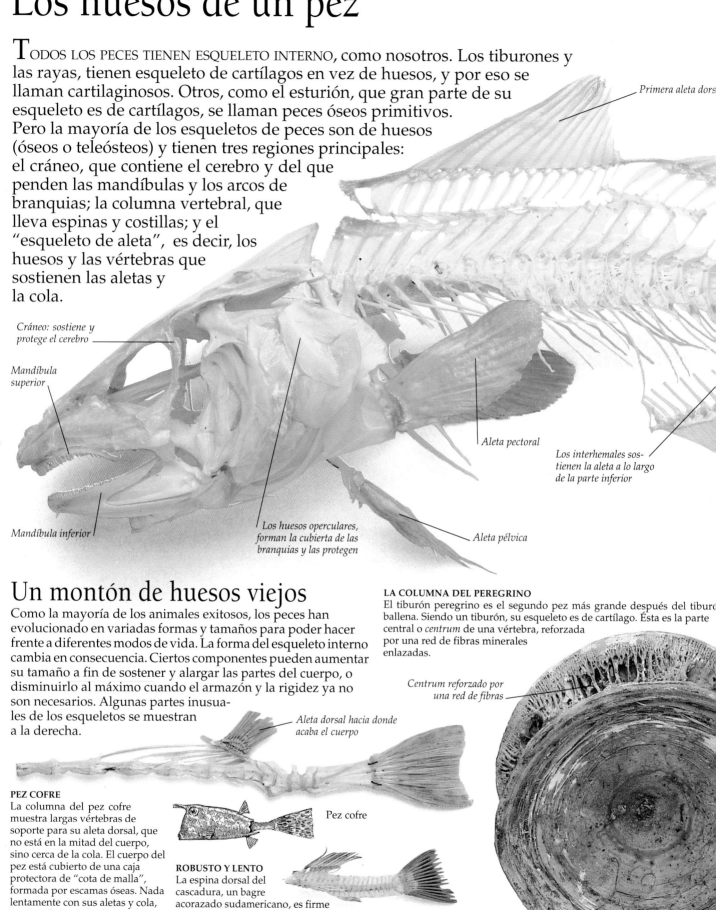

TODOS LOS PECES TIENEN ESQUELETO INTERNO, como nosotros. Los tiburones y las rayas, tienen esqueleto de cartílagos en vez de huesos, y por eso se llaman cartilaginosos. Otros, como el esturión, que gran parte de su esqueleto es de cartílagos, se llaman peces óseos primitivos. Pero la mayoría de los esqueletos de peces son de huesos (óseos o teleósteos) y tienen tres regiones principales: el cráneo, que contiene el cerebro y del que penden las mandíbulas y los arcos de branquias; la columna vertebral, que lleva espinas y costillas; y el "esqueleto de aleta", es decir, los huesos y las vértebras que sostienen las aletas y la cola.

Primera aleta dors

Cráneo: sostiene y protege el cerebro

Mandíbula superior

Mandíbula inferior

Los huesos operculares, forman la cubierta de las branquias y las protegen

Aleta pectoral

Los interhemales sostienen la aleta a lo largo de la parte inferior

Aleta pélvica

Un montón de huesos viejos

Como la mayoría de los animales exitosos, los peces han evolucionado en variadas formas y tamaños para poder hacer frente a diferentes modos de vida. La forma del esqueleto interno cambia en consecuencia. Ciertos componentes pueden aumentar su tamaño a fin de sostener y alargar las partes del cuerpo, o disminuirlo al máximo cuando el armazón y la rigidez ya no son necesarios. Algunas partes inusuales de los esqueletos se muestran a la derecha.

Aleta dorsal hacia donde acaba el cuerpo

Pez cofre

PEZ COFRE
La columna del pez cofre muestra largas vértebras de soporte para su aleta dorsal, que no está en la mitad del cuerpo, sino cerca de la cola. El cuerpo del pez está cubierto de una caja protectora de "cota de malla", formada por escamas óseas. Nada lentamente con sus aletas y cola, pues es demasiado duro para flexionarse de la manera normal.

ROBUSTO Y LENTO
La espina dorsal del cascadura, un bagre acorazado sudamericano, es firme e inflexible. Con filas de costillas sobrepuestas a lo largo de su cuerpo, este pez sacrifica velocidad por protección blindada.

LA COLUMNA DEL PEREGRINO
El tiburón peregrino es el segundo pez más grande después del tiburón ballena. Siendo un tiburón, su esqueleto es de cartílago. Ésta es la parte central o *centrum* de una vértebra, reforzada por una red de fibras minerales enlazadas.

Centrum reforzado por una red de fibras

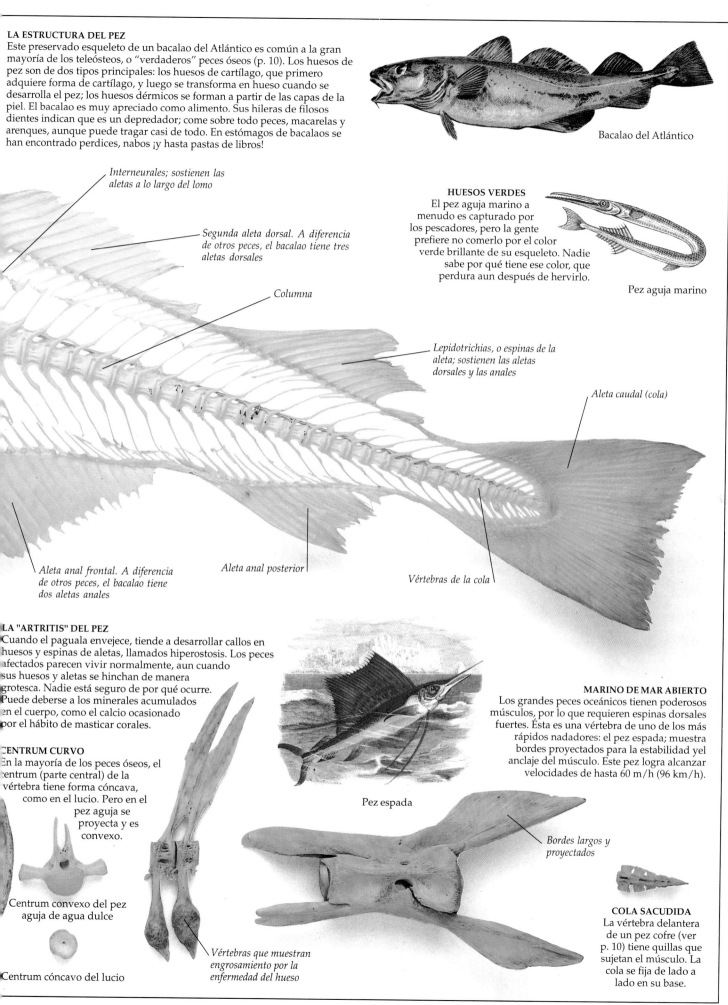

LA ESTRUCTURA DEL PEZ

Este preservado esqueleto de un bacalao del Atlántico es común a la gran mayoría de los teleósteos, o "verdaderos" peces óseos (p. 10). Los huesos de pez son de dos tipos principales: los huesos de cartílago, que primero adquiere forma de cartílago, y luego se transforma en hueso cuando se desarrolla el pez; los huesos dérmicos se forman a partir de las capas de la piel. El bacalao es muy apreciado como alimento. Sus hileras de filosos dientes indican que es un depredador; come sobre todo peces, macarelas y arenques, aunque puede tragar casi de todo. En estómagos de bacalaos se han encontrado perdices, nabos ¡y hasta pastas de libros!

Bacalao del Atlántico

Interneurales; sostienen las aletas a lo largo del lomo

Segunda aleta dorsal. A diferencia de otros peces, el bacalao tiene tres aletas dorsales

HUESOS VERDES
El pez aguja marino a menudo es capturado por los pescadores, pero la gente prefiere no comerlo por el color verde brillante de su esqueleto. Nadie sabe por qué tiene ese color, que perdura aun después de hervirlo.

Pez aguja marino

Columna

Lepidotrichias, o espinas de la aleta; sostienen las aletas dorsales y las anales

Aleta caudal (cola)

Aleta anal frontal. A diferencia de otros peces, el bacalao tiene dos aletas anales

Aleta anal posterior

Vértebras de la cola

LA "ARTRITIS" DEL PEZ
Cuando el paguala envejece, tiende a desarrollar callos en huesos y espinas de aletas, llamados hiperostosis. Los peces afectados parecen vivir normalmente, aun cuando sus huesos y aletas se hinchan de manera grotesca. Nadie está seguro de por qué ocurre. Puede deberse a los minerales acumulados en el cuerpo, como el calcio ocasionado por el hábito de masticar corales.

CENTRUM CURVO
En la mayoría de los peces óseos, el centrum (parte central) de la vértebra tiene forma cóncava, como en el lucio. Pero en el pez aguja se proyecta y es convexo.

Centrum convexo del pez aguja de agua dulce

Centrum cóncavo del lucio

MARINO DE MAR ABIERTO
Los grandes peces oceánicos tienen poderosos músculos, por lo que requieren espinas dorsales fuertes. Ésta es una vértebra de uno de los más rápidos nadadores: el pez espada; muestra bordes proyectados para la estabilidad yel anclaje del músculo. Este pez logra alcanzar velocidades de hasta 60 m/h (96 km/h).

Pez espada

Bordes largos y proyectados

Vértebras que muestran engrosamiento por la enfermedad del hueso

COLA SACUDIDA
La vértebra delantera de un pez cofre (ver p. 10) tiene quillas que sujetan el músculo. La cola se fija de lado a lado en su base.

Primeros peces

H<small>ACE CASI</small> 500 <small>MILLONES DE AÑOS</small>, el primer pez nadó en las aguas de la Tierra. No tenía mandíbulas, aletas ni escamas, como los actuales. Pero los primeros peces ya tenían una especie de columna vertebral, característica que distingue a los vertebrados, como aves, mamíferos, reptiles, anfibios y peces del resto del mundo animal (invertebrados, como insectos y gusanos). La columna formaba una abrazadera central firme, aunque flexible, de la cual los músculos jalaban para impulsar a la criatura. Los peces se fosilizaron bien, en parte porque su cuerpo tenía huesos duros. Otro gran avance de los peces fueron las mandíbulas, pues las criaturas que carecen de ellas sólo pueden raspar o succionar el alimento. Las mandíbulas permitieron morder y masticar lo que no podían ser tragado de un bocado. Hoy todos los peces, excepto lampreas y peces pulmonados, tienen mandíbulas de algún tipo.

PAISAJE CON PECES
El primer pez con mandíbula apareció hace 435 millones de años, en el período silúrico. Esta insólita escena muestra dónde pudieron haber nadado.

Aleta similar a la de tiburón

PEQUEÑO Y ESPINOSO
El *ischnacanthus* fue un acantodio o "tiburón espinoso". Este antiguo pez era algo parecido al tiburón y cada aleta tenía una fuerte espina en su extremo frontal. Proliferaron hace unos 400 a 350 millones de años y fueron muriendo gradualmente.

CUADRO CRONOLÓGICO DE LA EVOLUCIÓN DE LOS PECES

Millones de años

500   400   300   Hoy

Peces sin mandíbulas

Tiburones y rayas

Fósiles de peces óseos

Peces óseos modernos

Celacantos

Pez protegido por escudo óseo

UNA MARAVILLA SIN MANDÍBULAS
El cephalaspis pertenece a los extintos ostracodermos, que están entre los primeros que aparecieron en la tierra. Este fósil tiene cerca de 400 millones de edad. La mayoría de estos antiguos peces no tenían mandíbulas, sino boca de succión redonda y carnosa. Su largo escudo óseo protegía la cabeza y las branquias. Este tipo de peces medía sólo cerca de 4 pulg (10 cm) de largo.

Restauración de cephalaspis

LOS PRIMEROS DE ESPINAS Y ALETAS
Los paleonisciformes fueron los primeros peces óseos con "espinas y aletas" (p. 9) que ahora forman la mayoría de las especies de peces. Al inicio, las espinas o rayas en forma de vara (lepidotrichs) eran paralelas al cuerpo del pez, pero poco a poco se extendieron hasta formar una especie de abanico, como en el pez moderno. En este fósil de *Palaeoniscus*, de hace 250 millones de años, las escamas individuales del cuerpo son visibles.

Restauración de Palaeoniscus

Puntal de cartílago

Escamas individuales del cuerpo

HOLÓSTEO REDONDO

El *dapedium* data del período jurásico inferior, hace unos 190 millones de años. Era un holósteo, miembro de un grupo común en ese tiempo (p. 9). Los holósteos tenían una espina totalmente desarrollada, pero no así el resto de su cuerpo óseo, escasamente desarrollado. Hoy aún existen algunas especies vivientes de holósteos, incluidos los peces aguja de América del Norte y Central. El aguja gigante mide más de 10 pies (3 m) y caza a peces más pequeños para alimentarse.

Escamas

Boca grande depredadora

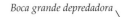
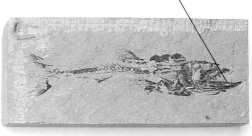

EL ASCENSO DE LOS TELEÓSTEOS

El *eurypholis* tenía la misma forma aerodinámica, larga boca y filosos dientes de cazador. Se trata de un teleósteo, "verdaderos" pez óseo (p. 9). Los teleósteos forman la mayoría de peces vivos actualmente. Estas ágiles y adaptables criaturas lograron sobrevivir hace unos 200 a 100 millones de años.

Esta restauración de *eusthenopteron* muestra los huesos de la cabeza y el esqueleto interno

DE ALETAS A PATAS

El delgado *eusthenopteron* fue un pez de aletas redondas. Se cree que algunos peces de aletas redondas están emparentados con celacantos y peces pulmonados y con la línea ancestral originaria de los vertebrados terrestres (tetrápodos). El *Eusthenopteron* era un "pez" adaptado a las condiciones de su tiempo.

CASI AHÍ

Los teleósteos, como el pequeño *stichocentrus*, gradualmente tomaron las aguas abandonadas por grupos anteriores desaparecidos (p. 9). Con esqueletos óseos internos, aletas flexibles, mandíbulas eficaces y escamas ligeras, se desarrollaron a partir de las versiones sin mandíbulas, fuertemente armadas, como el *cephalaspis*.

LAS APUNTALADAS

Las rayas tienen esqueleto de cartílago (p. 9), que es más suave y decae más rápido que el hueso, por lo que se fosiliza menos. Por lo sabemos menos sobre la evolución de rayas y tiburones, comparados con los peces óseos. Este specimen, *heliobatis*, un tipo de pastinaca, muestra docenas de puntales de cartílago en sus "alas" (aletas pectorales). Las rayas de hoy son parecidas a las que vivieron hace millones de años.

Ramificación en forma de aleta

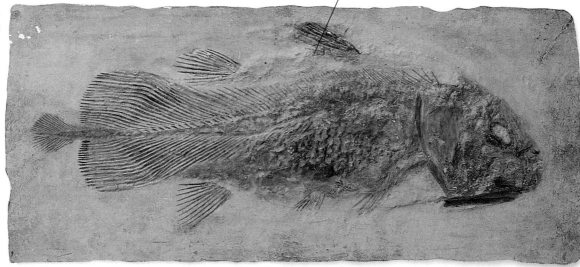

Pez famoso

En 1938, los científicos se sorprendieron al descubrir un celacanto en Sudáfrica. Se conocían muchos fósiles de celacanto que datan de hace 400 millones de años; sin embargo, los expertos los creían extintos hace unos 80 millones de años. Pero, al parecer, la gente los había estado cazando desde hacía varios años. Incluso usaban sus escamas para endurecer las cámaras de las bicicletas antes de aplicarles los parches. Más de 100 celacantos han sido capturados desde entonces y los han filmado cerca de las islas Comoras, al sureste de África.

El celacanto hoy sigue vivo y nadando

Historia de las escamas

La mayoría de los peces están cubiertos de escamas. Varían en tamaño y forma, pero la escama ósea promedio es pequeña, redonda, flexible y de una sola capa. Se le llama escama leptoide. Hay otros tres tipos básicos de escamas de pez. Tiburones y rayas tienen escamas placoideas similares a dientes, también llamadas dentículos. El antiguo celacanto poseía cuatro capas de escamas cosmoideas. El pez aguja tiene escamas gonoideas, en forma de diamante. Algunos peces no tienen escamas, pero sí una piel más fuerte. La "baba" de los peces no se debe a las escamas, sino a su piel interior, que produce una mucosidad especial que lo ayuda a deslizarse en el agua.

Grandes escamas reflexivas a lo largo de la línea lateral

Aleta anal

Aleta pélvica

ESCAMAS DE ESTURIÓN

Los esturiones, miembros de un grupo de 135 millones de años, han perdido casi todas las escamas durante su evolución. Todo lo que les queda son cinco líneas de escamas grandes y planas. Una de sus escamas puede medir hasta 4 pulg (10 cm).

Escama de esturión

Esturión

EMPUÑADURA

Por siglos, la gente ha apreciado la piel del tiburón y la ha usado como papel de lija o empuñadura antideslizante. Las escamas de tiburones y rayas son diferentes a las de los peces óseos. Tienen forma dentada y se llaman escamas placoideas o dentículos. Ambas tienen núcleos óseos fijados a la piel y espinas inclinadas hacia atrás. Si tocas un tiburón se puede rasgar tu piel.

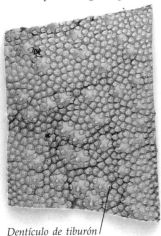

Dentículo de tiburón

Piel de esturión con tres líneas de escamas

Escamas en forma de diamante

Vista lateral de escamas de pez aguja ligeramente superpuestas

ESCAMAS DE COTA DE MALLA

El pez aguja de Norteamérica tiene las escamas en forma de diamante. Dichas escamas gonoideas se unen mediante fibras formando una fuerte e inflexible armadura de cota de malla. Con su piel se cubrían los arados de los primeros pobladores europeos en Norteamérica.

Pez aguja

TRAJE DE CELACANTO

El celacanto (p. 13) tiene escamas superpuestas del tipo cosmoidea de cuatro capas. Cada escama es una placa ósea capaz de soportar espinas chicas y dentadas, algo parecidas a los dentículos del tiburón.

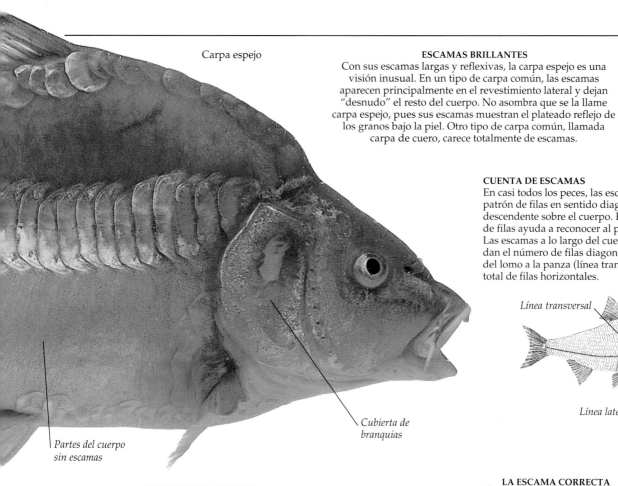

Carpa espejo

ESCAMAS BRILLANTES
Con sus escamas largas y reflexivas, la carpa espejo es una visión inusual. En un tipo de carpa común, las escamas aparecen principalmente en el revestimiento lateral y dejan "desnudo" el resto del cuerpo. No asombra que se la llame carpa espejo, pues sus escamas muestran el plateado reflejo de los granos bajo la piel. Otro tipo de carpa común, llamada carpa de cuero, carece totalmente de escamas.

CUENTA DE ESCAMAS
En casi todos los peces, las escamas forman un patrón de filas en sentido diagonal ascendente y descendente sobre el cuerpo. El número exacto de filas ayuda a reconocer al pez con precisión. Las escamas a lo largo del cuerpo (línea lateral) dan el número de filas diagonales. Las escamas del lomo a la panza (línea transversal) dan el total de filas horizontales.

Línea transversal

Línea lateral

Partes del cuerpo sin escamas

Cubierta de branquias

UNA ESCAMA GRANDE
Las escamas del sábalo son de las más grandes entre las típicas escamas leptoides de los peces óseos, cada una mide más de 2 pulg (5 cm) de lado a lado. Son suaves, no dentadas y se usan a menudo para hacer joyería. El sábalo, un poderoso depredador, es similar a los primeros peces óseos.

Escama de sábalo

Sábalo

LA ESCAMA CORRECTA
La escama de la carpa es un buen ejemplo de la escama leptoide de casi todos los peces. Cada escama tiene dos capas en forma de placa: una ósea y una delgada y fibrosa. El extremo frontal (raíz) se incrusta en una bolsa en la capa inferior de la piel (dermis), mientras que el extremo contrario está libre.

¿VIEJA?
Al microscopio, la escama de la carpa muestra anillos de crecimiento como el tronco de un árbol. Los peces óseos tienen casi el mismo número de escamas toda la vida. Varios anillos separados indican un rápido crecimiento.

ESCAMA PEINE
Las escamas del pez ángel tienen diminutos dientes, semejantes a los de un peine, a lo largo del extremo libre. Se llaman ctenoideas, o escamas de "peine".

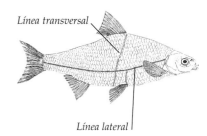

Anillos de crecimiento agrandados de escama de carpa

ÉZ GATO ESPINOSO
bagre espinoso tiene una sola hilera de escamas, que apuntan aliciosamente, como las espinas de una rosa, a cada lado del erpo. También tiene un cráneo fuerte que se extiende dentro una placa ósea que protege la región del cuello, mientras largas aletas terminan en espinas dentadas. No rprende que este pez sudamericano haya ganado el brenombre de "pez-no-me-toques".

Pez gato espinoso, tipo de bagre acorazado

Las espinas de la piel se erizan cuando el pez puercoespín se asusta o se enoja

a de escamas con púas afiladas

ESCAMAS ESPINOSAS
Este acercamiento muestra las erizadas espinas del pez puercoespín. Aun en posición plana, la base de las espinas en forma de cometa se ajustan para protegerlo. Cuando se asusta, se infla para erizar sus espinas (p. 38).

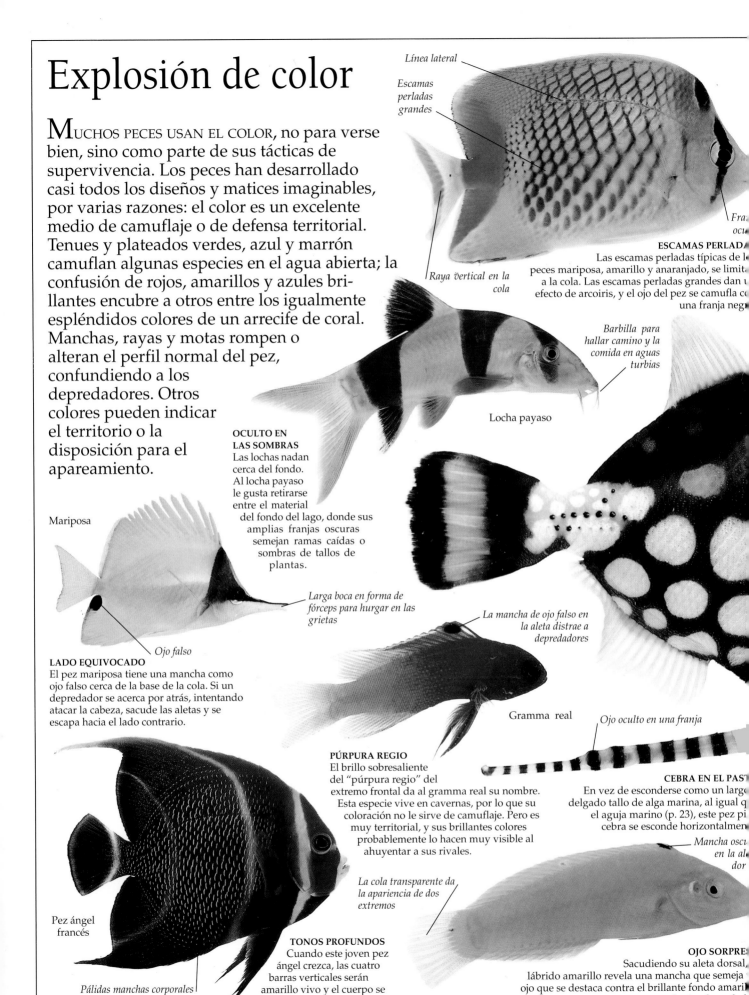

Explosión de color

Mᴜᴄʜᴏs ᴘᴇᴄᴇs ᴜsᴀɴ ᴇʟ ᴄᴏʟᴏʀ, no para verse bien, sino como parte de sus tácticas de supervivencia. Los peces han desarrollado casi todos los diseños y matices imaginables, por varias razones: el color es un excelente medio de camuflaje o de defensa territorial. Tenues y plateados verdes, azul y marrón camuflan algunas especies en el agua abierta; la confusión de rojos, amarillos y azules brillantes encubre a otros entre los igualmente espléndidos colores de un arrecife de coral. Manchas, rayas y motas rompen o alteran el perfil normal del pez, confundiendo a los depredadores. Otros colores pueden indicar el territorio o la disposición para el apareamiento.

Línea lateral

Escamas perladas grandes

Fra... ocu...

Raya vertical en la cola

ESCAMAS PERLAD...
Las escamas perladas típicas de l... peces mariposa, amarillo y anaranjado, se limit... a la cola. Las escamas perladas grandes dan u... efecto de arcoiris, y el ojo del pez se camufla c... una franja neg...

Barbilla para hallar camino y la comida en aguas turbias

Locha payaso

OCULTO EN LAS SOMBRAS
Las lochas nadan cerca del fondo. Al locha payaso le gusta retirarse entre el material del fondo del lago, donde sus amplias franjas oscuras semejan ramas caídas o sombras de tallos de plantas.

Mariposa

Ojo falso

LADO EQUIVOCADO
El pez mariposa tiene una mancha como ojo falso cerca de la base de la cola. Si un depredador se acerca por atrás, intentando atacar la cabeza, sacude las aletas y se escapa hacia el lado contrario.

Larga boca en forma de fórceps para hurgar en las grietas

La mancha de ojo falso en la aleta distrae a depredadores

Gramma real

Ojo oculto en una franja

PÚRPURA REGIO
El brillo sobresaliente del "púrpura regio" del extremo frontal da al gramma real su nombre. Esta especie vive en cavernas, por lo que su coloración no le sirve de camuflaje. Pero es muy territorial, y sus brillantes colores probablemente lo hacen muy visible al ahuyentar a sus rivales.

CEBRA EN EL PAS...
En vez de esconderse como un larg... delgado tallo de alga marina, al igual q... el aguja marino (p. 23), este pez pi... cebra se esconde horizontalmen...

Mancha osc... en la al... dor...

La cola transparente da la apariencia de dos extremos

Pez ángel francés

TONOS PROFUNDOS
Cuando este joven pez ángel crezca, las cuatro barras verticales serán amarillo vivo y el cuerpo se oscurecerá.

OJO SORPRE...
Sacudiendo su aleta dorsal, ... lábrido amarillo revela una mancha que semeja ... ojo que se destaca contra el brillante fondo amari... una sorpresa para cualquier depredad...

Pálidas manchas corporales oscurecerán el verde olivo

LA PESADILLA DEL DISEÑADOR
Una frente blanca revestida de mostaza, zigzags en la parte media frontal del cuerpo, que se disipan en el brillante amarillo del dorso, y un ojo falso en la parte posterior de la aleta dorsal: es difícil imaginar un diseño más variado que el de este mariposa auriga, de Australia.

jo oculto por banda en la beza

Pez mariposa auriga

Una grieta bajo la mancha del ojo, entre la aleta dorsal posterior y la caudal, parece una "boca" orientada a la derecha

AVISTANDO AL LÁBRIDO
El lábrido marino es uno de los más coloridos grupos de peces. Este lábrido rojo, blanco y verde navega entre los bosques de algas; sus manchas distraen la atención del perfil general del pez.

La primera espina en la aleta dorsal es trabada por una segunda espina "gatillo"

Ojo coloreado de rojo

ROJO SUCIO
Las escamas oscuras esparcidas en el cuerpo del jarrete cubano y las puntas de las aletas pectorales le dan un aspecto ligeramente "sucio", que quizá le añade camuflaje. El ojo tiene un tono rojo para igualar la parte superior del cuerpo. Esta especie tiene rayas de aleta decorativas.

Ojo cubierto por la banda facial oscura

Pez ballesta payaso

Jarrete cubano

ENGALANADOS
Sé un depredador. Cierra los ojos, ábrelos para atisbar al pez ballesta payaso por un segundo, después ciérralos otra vez. Con tan dramático grupo de diseños contrastantes y dispares, es difícil prepararte para atacar a esta especie.

Cola amarilla como la del pez joven

Pez cirujano

PONIÉNDOSE AZUL
El cirujano azul, miembro del grupo del pez cirujano de los cálidos arrecifes del Atlántico, inicia su vida casi completamente amarillo. Gradualmente, el azul profundo va extendiéndose desde la parte frontal.

Cola de bandera roja para asustar a los depredadores

Pez mandarín

ez pipa cebra

enues bandas scuras en el dorso

"Ojo" de anillo azul

GARABATO MARINO
"Pez garabato" es uno de los nombres del pez mandarín, que vive en corales y rocas de los océanos Índico oriental y Pacífico occidental. Como su pariente, el mandarín verde, el macho posee grandes espinas en su primera aleta dorsal.

Espina en la cubierta de branquias, común en peces ángel

NO TAN AMARILLO
Examinadas de cerca, las aletas y escamas del cíclido amarillo muestran sutiles tonos crema, gris, anaranjado y marrón.

Cíclido amarillo

BANDAS AZULES
Las notables bandas azul eléctrico del pez ángel de anillos azules, son una fuerte seña visual para miembros cercanos de la misma especie. Sin embargo, la casi invisible cola altera su forma general.

17

Continúa en la siguiente página

Reducción de color

Los peces de aguas más frías y los habitantes del mar abierto tienen colores y diseños más opacos comparados con los de las especies de lagos tropicales y arrecifes de coral. Muchos de los que nadan cerca de la superficie muestran "contrasombra": oscuros en el dorso y más pálidos en la panza. La luz de arriba abrillanta el dorso y ensombrece por debajo, por lo que se pierde la sensación de profundidad del pez, que "desaparece" en el agua circundante.

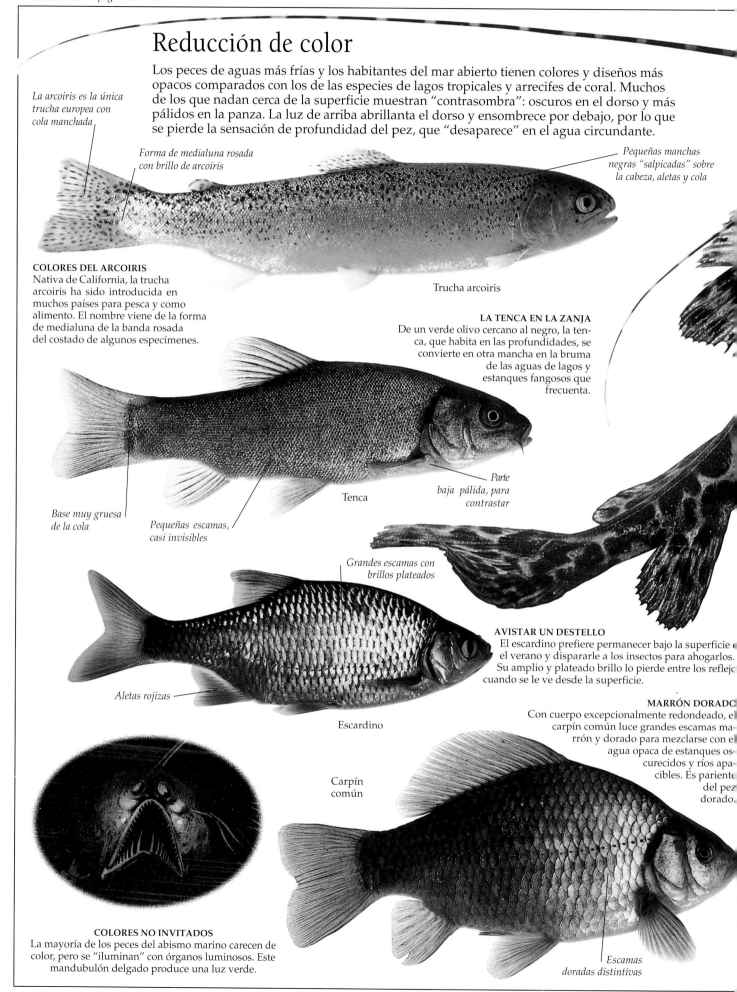

La arcoiris es la única trucha europea con cola manchada

Forma de medialuna rosada con brillo de arcoiris

Pequeñas manchas negras "salpicadas" sobre la cabeza, aletas y cola

Trucha arcoiris

COLORES DEL ARCOIRIS
Nativa de California, la trucha arcoiris ha sido introducida en muchos países para pesca y como alimento. El nombre viene de la forma de medialuna de la banda rosada del costado de algunos especímenes.

LA TENCA EN LA ZANJA
De un verde olivo cercano al negro, la tenca, que habita en las profundidades, se convierte en otra mancha en la bruma de las aguas de lagos y estanques fangosos que frecuenta.

Base muy gruesa de la cola

Pequeñas escamas, casi invisibles

Tenca

Parte baja pálida, para contrastar

Grandes escamas con brillos plateados

AVISTAR UN DESTELLO
El escardino prefiere permanecer bajo la superficie e el verano y dispararle a los insectos para ahogarlos. Su amplio y plateado brillo lo pierde entre los reflejo cuando se le ve desde la superficie.

Aletas rojizas

Escardino

MARRÓN DORADO
Con cuerpo excepcionalmente redondeado, el carpín común luce grandes escamas marrón y dorado para mezclarse con el agua opaca de estanques oscurecidos y ríos apacibles. Es pariente del pez dorado.

Carpín común

COLORES NO INVITADOS
La mayoría de los peces del abismo marino carecen de color, pero se "iluminan" con órganos luminosos. Este mandubulón delgado produce una luz verde.

Escamas doradas distintivas

Barbillas largas para percibir el camino en el fondo oscuro

Pez gato de agua dulce

La mancha en la cola es una "marca de cardumen", que mantiene agrupados a los jóvenes

BANDERA DE FIESTA
El terror rojo es una de las variedades de cíclidos festivos (también llamados cíclidos con barras o banderas). Algunos cíclidos sudamericanos han sido criados con todos los colores del arcoiris por coleccionistas.

Su nombre viene de la aleta dorsal que se yergue como sombrero de copa

Pez navaja

GATO NEGRO
Llamado así por su barba como bigote, los peces gato son oscuros. Este bagre de agua dulce de Sudamérica vive cerca del fondo. Si nada a la superficie, su parte inferior da un efecto moteado de luz en el agua.

Franjas vivas

SUENA, LUEGO SE VE
Los peces navaja o "graznadores" son llamados así por sus sonidos de tambor y golpeteos, en especial en época de celo. Estos ruidos se propagagn lejos bajo el agua; cuando se acercan, predomina el sentido de la vista: se reconocen mediante señas visuales, como las vivas franjas de este sombrero de copa.

ARRIBA Y ABAJO
Al nadar cerca de la superficie, el tiburón azul es claro abajo y oscuro arriba. La pintarroja de collar yace en el fondo y se confunde con plantas y rocas.

Tiburón azul

Mero pantera

Falsa pintarroja de collar

Rayas amarillas sobre el costado inferior

Grandes manchas negras en el cuerpo

CAZADOR AL ACECHO
Llamado así por el depredador felino, el mero pantera se comporta de forma similar cerca de rocas y arrecifes. Fuera de su hábitat natural se vuelve conspicuo; pero en su hábitat natural, el modelo de motas negras en su pálido cuerpo pasa inadvertido.

Ojo rojo

Barba ensible ara hallar limento n el fango

Salmonete

BRILLO VERDE
Al nadar y comer cerca de la superficie del mar, la macarela recurre a la táctica de contrasombra como ventaja. Su dorso muestra brillos metálicos azul verdosos, y su parte inferior es pálida.

ROJA AL MORIR
Durante el día, el salmonete rojo de mares europeos muestra un dorso pardo rojizo y franjas amarillas en la parte inferior; de noche toma una apariencia jaspeada. Hace tiempo, la gente se asombraba del rojo brillante que mostraba cuando estaba tensa, es decir, cuando la capturaban y mataban.

Macarela

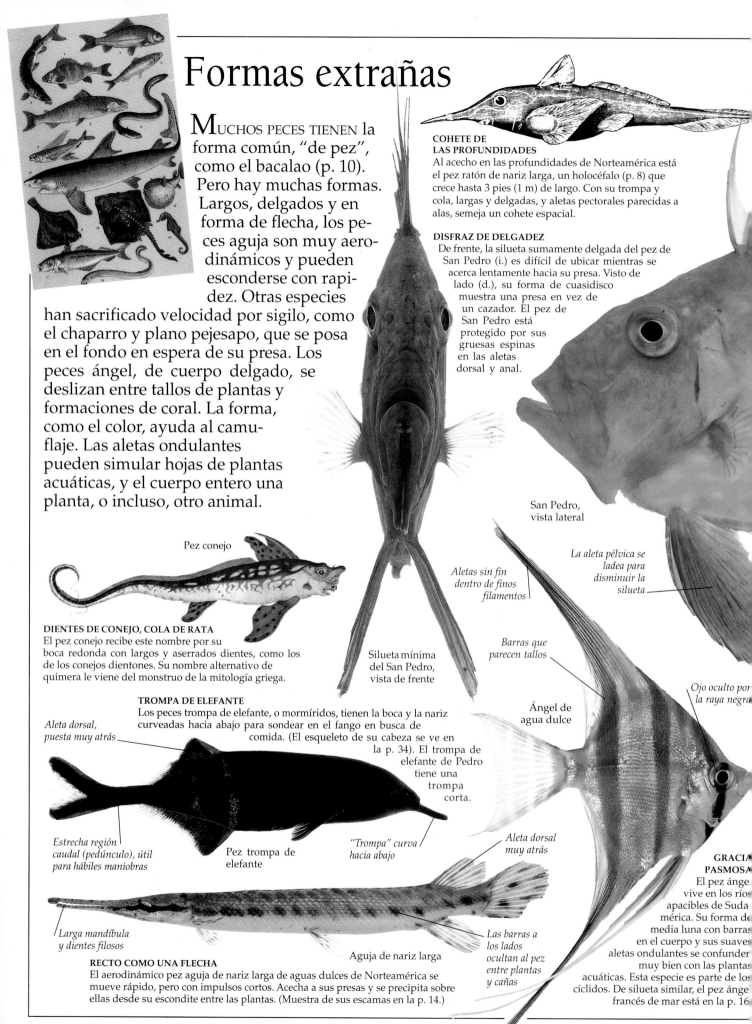

Formas extrañas

MUCHOS PECES TIENEN la forma común, "de pez", como el bacalao (p. 10). Pero hay muchas formas. Largos, delgados y en forma de flecha, los peces aguja son muy aerodinámicos y pueden esconderse con rapidez. Otras especies han sacrificado velocidad por sigilo, como el chaparro y plano pejesapo, que se posa en el fondo en espera de su presa. Los peces ángel, de cuerpo delgado, se deslizan entre tallos de plantas y formaciones de coral. La forma, como el color, ayuda al camuflaje. Las aletas ondulantes pueden simular hojas de plantas acuáticas, y el cuerpo entero una planta, o incluso, otro animal.

COHETE DE LAS PROFUNDIDADES
Al acecho en las profundidades de Norteamérica está el pez ratón de nariz larga, un holocéfalo (p. 8) que crece hasta 3 pies (1 m) de largo. Con su trompa y cola, largas y delgadas, y aletas pectorales parecidas a alas, semeja un cohete espacial.

DISFRAZ DE DELGADEZ
De frente, la silueta sumamente delgada del pez de San Pedro (i.) es difícil de ubicar mientras se acerca lentamente hacia su presa. Visto de lado (d.), su forma de cuasidisco muestra una presa en vez de un cazador. El pez de San Pedro está protegido por sus gruesas espinas en las aletas dorsal y anal.

San Pedro, vista lateral

La aleta pélvica se ladea para disminuir la silueta

Aletas sin fin dentro de finos filamentos

Pez conejo

DIENTES DE CONEJO, COLA DE RATA
El pez conejo recibe este nombre por su boca redonda con largos y aserrados dientes, como los de los conejos dientones. Su nombre alternativo de quimera le viene del monstruo de la mitología griega.

Silueta mínima del San Pedro, vista de frente

Barras que parecen tallos

Ángel de agua dulce

Ojo oculto por la raya negra

TROMPA DE ELEFANTE
Los peces trompa de elefante, o mormíridos, tienen la boca y la nariz curveadas hacia abajo para sondear en el fango en busca de comida. (El esqueleto de su cabeza se ve en la p. 34). El trompa de elefante de Pedro tiene una trompa corta.

Aleta dorsal, puesta muy atrás

Estrecha región caudal (pedúnculo), útil para hábiles maniobras

Pez trompa de elefante

"Trompa" curva hacia abajo

Aleta dorsal muy atrás

GRACIA PASMOSA
El pez ángel vive en los ríos apacibles de Sudamérica. Su forma de media luna con barras en el cuerpo y sus suaves aletas ondulantes se confunden muy bien con las plantas acuáticas. Esta especie es parte de los cíclidos. De silueta similar, el pez ángel francés de mar está en la p. 16

Larga mandíbula y dientes filosos

Aguja de nariz larga

Las barras a los lados ocultan al pez entre plantas y cañas

RECTO COMO UNA FLECHA
El aerodinámico pez aguja de nariz larga de aguas dulces de Norteamérica se mueve rápido, pero con impulsos cortos. Acecha a sus presas y se precipita sobre ellas desde su escondite entre las plantas. (Muestra de sus escamas en la p. 14.)

HACHA VOLADORA
Gracias a su pronunciada panza, el pez hacha dorado puede saltar fuera del agua mientras bate con sus grandes aletas pectorales y "vuela" a distancias cortas rozando la superficie. Su nombre le viene de su parecido con la hachuela (hacha chica de mano). Es un pez de agua dulce de Sudamérica, pero un tipo diferente de pez hacha habita en el mar profundo.

Recias espinas en el dorso

Las aletas pectorales aletean al "volar"

Dorso plano; el pez pende bajo la superficie en espera de presas

Pez hacha de agua dulce

La leyenda cuenta que la mancha oscura es la marca del pulgar de San Pedro

Cuerpo profundo

Las espinas siempre están erguidas

VIVE EN LA CAJA
Como el puercoespín (p. 38), el puercoespín globo tiene un cuerpo angular formado de placas óseas. Las espinas, siempre erguidas, añaden protección.

Puede inflar el cuerpo con agua

Cuerpo aplanado abrazarrocas

SUCCIONADOR DE LITORAL
Las aletas pectorales del chafarrocas y su cuerpo plano le permiten pegarse a las rocas.

ESCONDIDO EN ESPINAS
Los peces navaja nadan verticalmente entre las espinas de los erizos. Su forma angosta y rayas negras le dan un sutil camuflaje.

Chafarrocas

El cuerpo plateado parece un cuchillo

Payaso cuchillo

Espinas delante de la aleta anal

DE PESCA
El cuerpo del pez arlequín (un tipo de pejesapo) es amplio, plano y nudoso; se adapta a yacer en el lecho marino, esperando víctimas que se aproximen a su trampa, que es una espina modificada de la aleta dorsal.

Filoso borde óseo inferior

Pez navaja

CUERPO COMO ASPA
Los peces cuchillo, como este payaso cuchillo, tiene el cuerpo largo y delgado en forma de escultura o de cuchillo. La prolongada aleta anal se une con la caudal (cola) y ambas le dan propulsión.

Pez arlequín

El pez cuchillo nada al mover la aleta anal

Espina bajo la cola

La vaquita (vista frontal) muestra rasgos faciales de vaca

Espinas protectoras al frente, como cuernos de vaca

CUERNO Y OJO DE VACA
La vaquita de cuernos largos pertenece al grupo de los peces caja. Las placas óseas forman una coraza a los lados; boca, ojos, branquias, aletas y abertura ventral dan al exterior.

Placas óseas planas abajo

Vaquita: vista lateral

Pipas y caballos

Cabeza de una pieza de ajedrez, cola de mono, cuerpo arrugado que parece tallado en madera, ojos de camaleón y macho que se embaraza dan como resultado un caballo de mar, un pez con apariencia inverosímil. De la misma familia que su primo, el pez pipa, el caballo de mar nada erguido, impulsado por una ondulante aleta dorsal. La pequeña aleta pectoral ayuda al animal a deslizarse manteniendo la dirección. No tiene aletas pélvicas o caudales. Pero sí una cola puntiaguda y prensil, capaz de asir tallos de plantas marinas mientras el caballito busca alimento. Los pipas también nadan con la aleta dorsal y, al igual que los caballitos de mar, están bien protegidos por sus placas óseas. Pero tal vez la más extraña característica de estas criaturas es que la hembra pone huevos "en" el macho. Cada macho tiene un pliegue de piel o bolsa. En él los huevos se desarrollan y se transforman en caballitos de mar totalmente formados.

Aleta dorsal

Escama en forma de placa

Cabeza en ángulo recto respecto al cuerpo

Caballo de mar del Caribe

Cola prensil

Coral látigo marino naranja

CABALLOS DE CORAL
Tres caballos de mar decoran esta pieza de coral de gorgonia (coral látigo marino naranja). Existen cerca de 35 especies de caballitos en todo el mundo. El más grande (en el centro) es del Caribe y los otros dos, amarillos y más pequeños, viven en los océanos Pacífico e Índico. De cualquier forma, el color no es una guía adecuada, pues la mayoría lo cambian en minutos: mutan del negro al gris, o del gris al amarillo o al anaranjado. El caballito de mar caza guiado por la vista; succiona diminutas criaturas, como crustáceos y crías de peces con su boca tubular. Sus ojos giran de manera independiente hacia dos escenas a la vez: mientras uno busca alimento, el otro verifica que no haya depredadores. Puede permanecer en calma durante períodos largos, aferrado con la cola prensil y bien camuflado entre plantas y corales. Sólo sus ojos giratorios lo delatan.

Boca de succión en forma de tubo

Anillos óseos enlazados

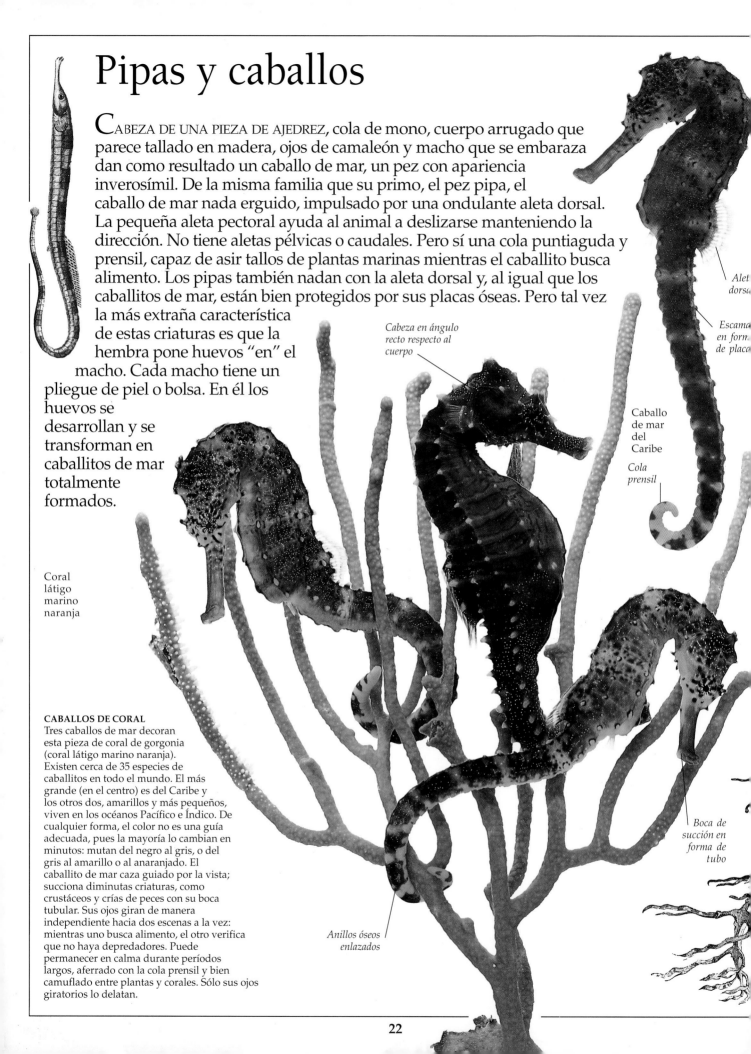

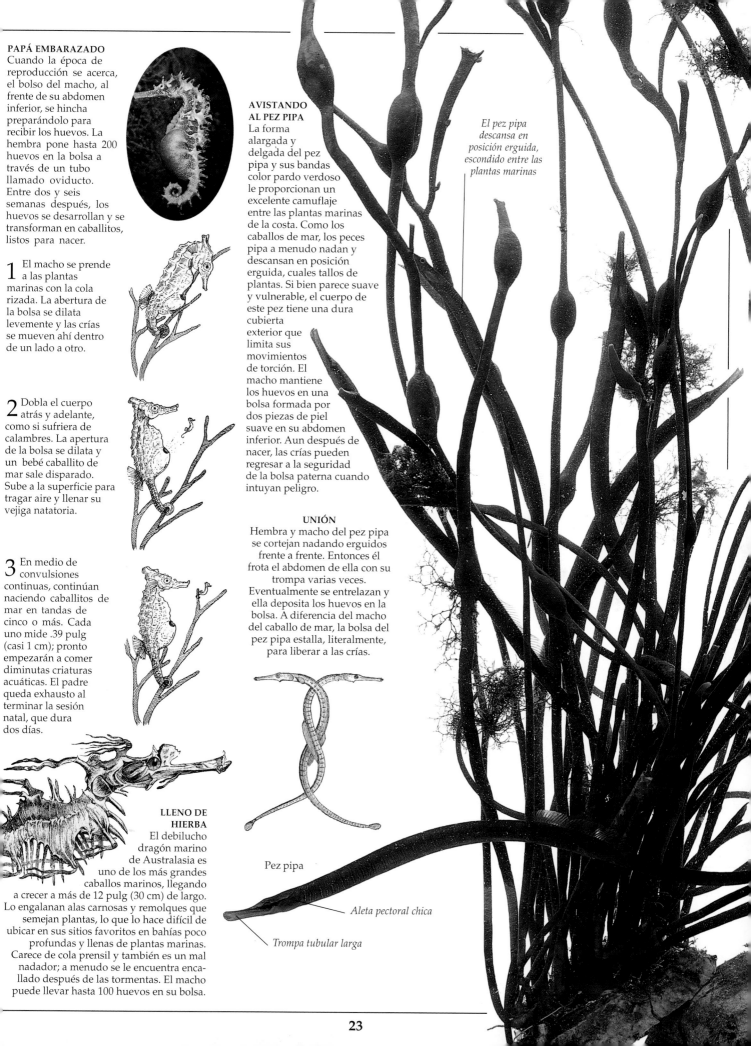

PAPÁ EMBARAZADO
Cuando la época de reproducción se acerca, el bolso del macho, al frente de su abdomen inferior, se hincha preparándolo para recibir los huevos. La hembra pone hasta 200 huevos en la bolsa a través de un tubo llamado oviducto. Entre dos y seis semanas después, los huevos se desarrollan y se transforman en caballitos, listos para nacer.

1 El macho se prende a las plantas marinas con la cola rizada. La abertura de la bolsa se dilata levemente y las crías se mueven ahí dentro de un lado a otro.

2 Dobla el cuerpo atrás y adelante, como si sufriera de calambres. La apertura de la bolsa se dilata y un bebé caballito de mar sale disparado. Sube a la superficie para tragar aire y llenar su vejiga natatoria.

3 En medio de convulsiones continuas, continúan naciendo caballitos de mar en tandas de cinco o más. Cada uno mide .39 pulg (casi 1 cm); pronto empezarán a comer diminutas criaturas acuáticas. El padre queda exhausto al terminar la sesión natal, que dura dos días.

LLENO DE HIERBA
El debilucho dragón marino de Australasia es uno de los más grandes caballos marinos, llegando a crecer a más de 12 pulg (30 cm) de largo. Lo engalanan alas carnosas y remolques que semejan plantas, lo que lo hace difícil de ubicar en sus sitios favoritos en bahías poco profundas y llenas de plantas marinas. Carece de cola prensil y también es un mal nadador; a menudo se le encuentra encallado después de las tormentas. El macho puede llevar hasta 100 huevos en su bolsa.

AVISTANDO AL PEZ PIPA
La forma alargada y delgada del pez pipa y sus bandas color pardo verdoso le proporcionan un excelente camuflaje entre las plantas marinas de la costa. Como los caballos de mar, los peces pipa a menudo nadan y descansan en posición erguida, cuales tallos de plantas. Si bien parece suave y vulnerable, el cuerpo de este pez tiene una dura cubierta exterior que limita sus movimientos de torsión. El macho mantiene los huevos en una bolsa formada por dos piezas de piel suave en su abdomen inferior. Aun después de nacer, las crías pueden regresar a la seguridad de la bolsa paterna cuando intuyan peligro.

UNIÓN
Hembra y macho del pez pipa se cortejan nadando erguidos frente a frente. Entonces él frota el abdomen de ella con su trompa varias veces. Eventualmente se entrelazan y ella deposita los huevos en la bolsa. A diferencia del macho del caballo de mar, la bolsa del pez pipa estalla, literalmente, para liberar a las crías.

Pez pipa

Aleta pectoral chica

Trompa tubular larga

El pez pipa descansa en posición erguida, escondido entre las plantas marinas

Cambio de cara

Hay cerca de 520 especies en el grupo de los peces planos, aunque ninguno de ellos nace plano. Durante la incubación nadan erguidos cerca de la superficie del mar y se parecen a cualquier otro pez larval. Pero en unas cuantas semanas suceden cambios notables, conocidos como metamorfosis (cambios en la forma del cuerpo): el cuerpo de la larva del pez plano se vuelve muy delgado; el ojo de uno de los lados se desplaza hacia la parte superior de la cabeza para posarse junto al ojo del otro lado. Esto lo deja "tuerto", lo cual no importa pues el lado ciego se convierte en la parte inferior del pez. El pequeño pez se hunde hasta el fondo y se adueña del lecho marino. Por el resto de su vida, el pez plano adulto yacerá sobre su lado ciego.

EN BUSCA DEL LENGUADO
La metamorfosis mostrada a continuación es la del lenguado común europeo, que crece hasta 24 pulg (60 cm) de largo. Posiblemente es el miembro más abundante de la familia de lenguados de aguas europeas. También conocido como lenguado Dover, pasa sus días enterrado en la arena o en el lecho marino.

1 TRES DÍAS
Esta vista lateral de la lenguado cría, tres días después de salir del huevo, muestra claramente un pez larval normal. La espina dorsal está apenas en desarrollo y ya se han formado algunas células pigmentosas en el cuerpo casi transparente.
Tamaño natural: .14 pulg (3.5 mm)

Saco de vitelo visible

Ojo

2 CINCO DÍAS
El ojo del lenguado puede vislumbrarse apenas como una mancha en el lado opuesto de la cabeza. En esta etapa, el pez plano aún ronda las aguas superiores, donde salió del huevo, y subsiste de los nutrimentos de su saco de vitelo o yema.
Tamaño natural: .14 pulg (3.5 mm)

Vértebras en formación

3 OCHO DÍAS
Crecen más células pigmentadas en la piel; cráneo, huesos de las mandíbulas y columna están más desarrollados. En los peces óseos, el esqueleto se forma primero como cartílago, y endurece posteriormente, es decir, se osifica como hueso real.
Tamaño natural: .15 pulg (3.8 mm)

Célula pigmento

La columna está más desarrollada

Las células de pigmento de la piel se mezclan formando manchas oscuras

11 SIETE SEMANAS
Cerca de siete semanas después de salir del huevo, el lenguado es como sus padres, pero en miniatura. Las células de pigmento de la piel se mezclan para formar grandes manchas oscuras. Ahora el joven lenguado es atraído a la vida del fondo, que seguirá cuando sea adulto. Muy pocos, de entre el medio millón de huevos puestos por la hembra, llegarán a esta etapa. Y sólo uno o dos crecerán hasta ser adultos.
Tamaño natural: .43 pulg (11 mm)

DESAPARICIÓN DE LOS OJOS
Los jóvenes gobios ciegos de California tienen ojos pequeños y pueden ver. A medida que crecen, los ojos van desapareciendo bajo la piel. Viven en la ribera, entre grietas sombrías y túneles de moluscos.

CERCA DE UN AÑO
Este lenguado se acerca a su primer año, muestra una cambiante coloración de piel bajo el mosaico de escamas ctnoideas (borde en cresta).

Cráneo más crecido a la izquierda

10 CINCO SEMANAS
La metamorfosis está casi completa. El cráneo ha crecido más rápido en el lado izquierdo, consecuentemente, ese lado se amplía y el ojo izquierdo oscila sobre el derecho. A esa edad, el lenguado se ha desplazado desde la zona de desove hacia la costa poco profunda. Tamaño natural: .39 pulg (10 mm)

DIEZ DÍAS
La larva del lenguado ya tiene una boca que puede abrir, así como las características aletas largas. En esta etapa las aletas corren a lo largo de la cabeza casi hasta la cola; la dorsal a lo largo del dorso, y la anal, a lo largo de la panza.
Tamaño natural: .16 pulg (4 mm)

leta plegada

Boca abierta

5 TRECE DÍAS (LADO DERECHO)
La larva agota los nutrimentos de su saco de yema mientras crece, por lo que debe empezar a alimentarse por sí sola. Al principio come criaturas marinas microscópicas y plantas diatomeas que, como la cría del lenguado, forman parte del plancton.
Tamaño natural: .2 pulg (5 mm)

Desarrolla espinas de aleta

Se forman las aletas dorsal, anal y caudal, que harán un borde casi continuo alrededor del cuerpo

NEGOCIO DE DESARROLLO
El tímalo es miembro de la familia peces de listón. Los peces recién salidos del huevo, de sólo .6 pulg (15 mm), tienen espinas muy largas en las aletas dorsal, pélvica y caudal inferior. Mientras crece, las espinas se vuelven relativamente más cortas. En los adultos de 8 pies (2.5 m), las espinas han desaparecido por completo.

6 TRECE DÍAS (LADO IZQUIERDO)
Algo sucede. La larva ya no es simétrica. Su ojo izquierdo se mueve lentamente hacia la coronilla de la cabeza, y el cráneo y la mandíbula se deforman lentamente. La aleta caudal se ha vuelto definida. Es el inicio de la metamorfosis de pez vertical a pez plano.
Tamaño natural: .2 pulg (5 mm)

Aleta caudal (cola)

Ojo izquierdo en migración

El ojo izquierdo ya ha aparecido en el centro de la cabeza

Ojo

Las células de pigmento se ven más pequeñas mientras crece

7 DIECISIETE DÍAS
Volviendo al lado derecho, el ojo izquierdo ha aparecido en el centro de la cabeza. Mientras crece, las células de pigmento de la piel se ven más pequeñas. Ahora come alimentos más grandes, como las larvas de otras criaturas marinas.
Tamaño natural: .26 pulg (6.5 mm)

Borde de la aleta

Ambos ojos en el lado derecho

Boca

Desarrolla muescas

Forma común de lenguado

8 VEINTIDÓS DÍAS
Ambos ojos están ahora del lado derecho, dejando "ciego" el izquierdo. El pez joven ha tomado la forma típica de lenguado, la forma de la cabeza es suavemente curvada, y las aletas dorsal, caudal y anal son casi continuas.
Tamaño natural: .31 pulg (8 mm)

Mosaico de escamas ctenoideas (bordes en cresta)

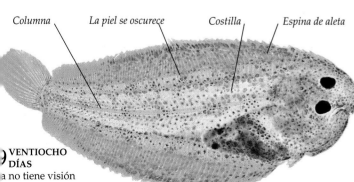

Columna

La piel se oscurece

Costilla

Espina de aleta

9 VENTIOCHO DÍAS
Ya no tiene visión derecha, sino hacia arriba (del lado derecho). La columna, las costillas y las espinas de la aleta pueden verse, aunque los órganos internos, como el corazón y el sistema digestivo, empiezan a oscurecerse por efecto del color de la piel. Tamaño natural: .35 pulg (9 mm)

CONVENIENCIA DE PECES
En cada especie de pez plano, la mayoría de sus miembros se desarrollan de manera que el mismo lado mire hacia arriba. Los rodaballos son de "ojo izquierdo" (lado izquierdo más alto). La mayoría de las platijas, los halibuts y los lenguados son de "ojo derecho".

Rodaballo

Platija

Peces planos

Como la mayoría de los peces, la platija vive cerca del lecho marino, bien camuflada gracias a sus motas. Nada sacudiendo el cuerpo de arriba abajo en un movimiento ondulante. Después se endurece y aterriza en el fondo. Aquí, agita las aletas para barrer fango, arena o grava. Las partículas caen sobre el cuerpo del pez y lo cubren parcialmente, desfigurando su silueta y haciéndolo difícil de ubicar.

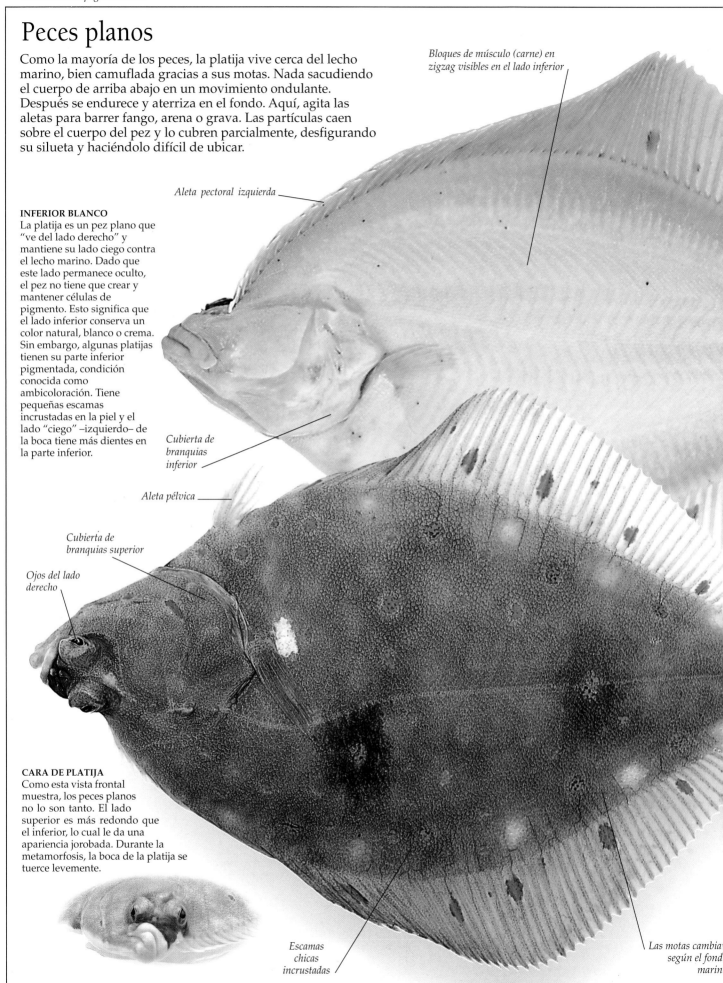

Bloques de músculo (carne) en zigzag visibles en el lado inferior

Aleta pectoral izquierda

INFERIOR BLANCO
La platija es un pez plano que "ve del lado derecho" y mantiene su lado ciego contra el lecho marino. Dado que este lado permanece oculto, el pez no tiene que crear y mantener células de pigmento. Esto significa que el lado inferior conserva un color natural, blanco o crema. Sin embargo, algunas platijas tienen su parte inferior pigmentada, condición conocida como ambicoloración. Tiene pequeñas escamas incrustadas en la piel y el lado "ciego" –izquierdo– de la boca tiene más dientes en la parte inferior.

Cubierta de branquias inferior

Aleta pélvica

Cubierta de branquias superior

Ojos del lado derecho

CARA DE PLATIJA
Como esta vista frontal muestra, los peces planos no lo son tanto. El lado superior es más redondo que el inferior, lo cual le da una apariencia jorobada. Durante la metamorfosis, la boca de la platija se tuerce levemente.

Escamas chicas incrustadas

Las motas cambia según el fond marin

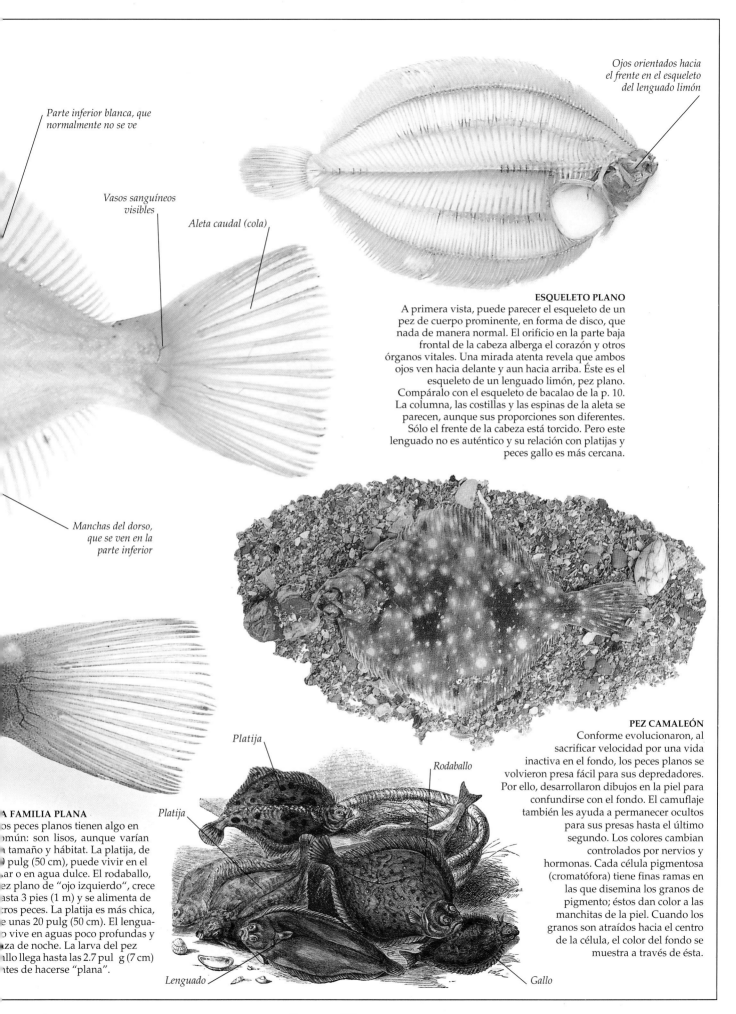

Ojos orientados hacia
el frente en el esqueleto
del lenguado limón

Parte inferior blanca, que
normalmente no se ve

Vasos sanguíneos
visibles

Aleta caudal (cola)

ESQUELETO PLANO

A primera vista, puede parecer el esqueleto de un
pez de cuerpo prominente, en forma de disco, que
nada de manera normal. El orificio en la parte baja
frontal de la cabeza alberga el corazón y otros
órganos vitales. Una mirada atenta revela que ambos
ojos ven hacia delante y aun hacia arriba. Éste es el
esqueleto de un lenguado limón, pez plano.
Compáralo con el esqueleto de bacalao de la p. 10.
La columna, las costillas y las espinas de la aleta se
parecen, aunque sus proporciones son diferentes.
Sólo el frente de la cabeza está torcido. Pero este
lenguado no es auténtico y su relación con platijas y
peces gallo es más cercana.

Manchas del dorso,
que se ven en la
parte inferior

PEZ CAMALEÓN
Conforme evolucionaron, al
sacrificar velocidad por una vida
inactiva en el fondo, los peces planos se
volvieron presa fácil para sus depredadores.
Por ello, desarrollaron dibujos en la piel para
confundirse con el fondo. El camuflaje
también les ayuda a permanecer ocultos
para sus presas hasta el último
segundo. Los colores cambian
controlados por nervios y
hormonas. Cada célula pigmentosa
(cromatófora) tiene finas ramas en
las que disemina los granos de
pigmento; éstos dan color a las
manchitas de la piel. Cuando los
granos son atraídos hacia el centro
de la célula, el color del fondo se
muestra a través de ésta.

Platija

Rodaballo

Platija

A FAMILIA PLANA
os peces planos tienen algo en
omún: son lisos, aunque varían
tamaño y hábitat. La platija, de
pulg (50 cm), puede vivir en el
ar o en agua dulce. El rodaballo,
ez plano de "ojo izquierdo", crece
asta 3 pies (1 m) y se alimenta de
ros peces. La platija es más chica,
e unas 20 pulg (50 cm). El lengua-
o vive en aguas poco profundas y
za de noche. La larva del pez
allo llega hasta las 2.7 pul g (7 cm)
tes de hacerse "plana".

Lenguado

Gallo

El arte de nadar

Si "NADAS COMO UN PEZ", se entiende que dominas el arte de nadar, algo natural en los peces. Nadan como las serpientes reptan: mediante una serie de curvas en forma de S, u "ondas", que recorren el cuerpo. Cada onda inicia con un pequeño movimiento oblicuo de la cabeza que se va desplegando al deslizarse rápido por el cuerpo, así que la cola se mueve en forma mucho más oblicua. El cuerpo y la cola empujan el agua alrededor de los costados y hacia atrás, lo que impulsa al pez hacia adelante. En la mayoría de los peces, la cola genera gran parte del empuje, pero algunas especies "reman" con las aletas pectorales en vez de usar la cola. Cada ondulación en forma de S se forma por las contracciones de bloques de músculos a los lados de la columna. El bloque de músculo, o miotoma, se contrae en una fracción de segundo después del que está delante, jalando ese lado del cuerpo en una curva que forma la onda. En el firme nado del cazón cada segundo hay una onda.

CUENTO DE BALLENAS
La cola de la ballena es horizontal, a diferencia de la cola vertical (aleta caudal) de un pez. Una ballena nada arqueando su cuerpo arriba y abajo, en vez de lado a lado, como los peces. Las ballenas, como la jorobada, son capaces de acelerar bajo el agua y lanzar sus 50 toneladas de masa hacia la superficie, para caer entre un enorme espumaje. A esto se le llama "brecheo".

Segunda aleta dorsal

Aleta caudal (cola)

Coloración moteada

Primera aleta dorsa

NADANDO EN "S"
En esta secuencia fotográfica, que abarca cerca de un segundo, el movimiento ondulatorio en forma de S pasa por el cuerpo del cazón y es despedido por la cola. Al empezar nuevas olas la cabeza oscila levemente, primero a un lado y luego al otro, con lo que impulsa al pez hacia adelante (los movimientos laterales hacia izquierda y derecha del cuerpo y cola se neutralizan entre sí). Comparado con especies como las anguilas, el cazón no tiene un cuerpo muy flexible.

Una nueva onda en forma de S empieza mientras el cazón oscila su cabeza levemente a la derecha

El "pico" de la onda ha pasado a lo largo del cuerpo hacia la mitad de las aletas pectoral y pélvica

El pico ahora ha viajado a la región de las aletas pélvica y la primera dorsal

PECES EN DESORDEN
Muchos peces pueden dar vuelta sobre sus costados y aun dar la vuelta completa. Pero unos cuantos realmente nadan cabeza abajo felizmente por períodos largos. Entre éstos se encuentra el bagre volteado, originario del Congo africano, y ahora huésped de los acuarios tropicales de agua dulce de todo el mundo. Su boca está en la parte baja de la cabeza, como en otros bagres; es ideal para hurgar en el fondo, pero no para tomar cosas de la superficie. Sin embargo, este bagre ha solucionado el problema volteándose totalmente, por lo que puede comer moscas y otras presas que caen en la superficie del agua.

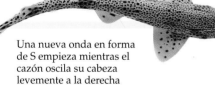

SOMBRAS AL REVÉS
En los bagres cabeza abajo, el juego de contrasombra de dorso oscuro y parte inferior clara (p. 18) se pierde e incluso se invierte para hacer oscura la panza y pálido el dorso. El bagre de cabeza (i.), de acuario, mide unas 2 pulg (6 cm) de largo. La posición del revestimiento lateral, cuando está al revés, se muestra en especies relacionadas con él (ar.)

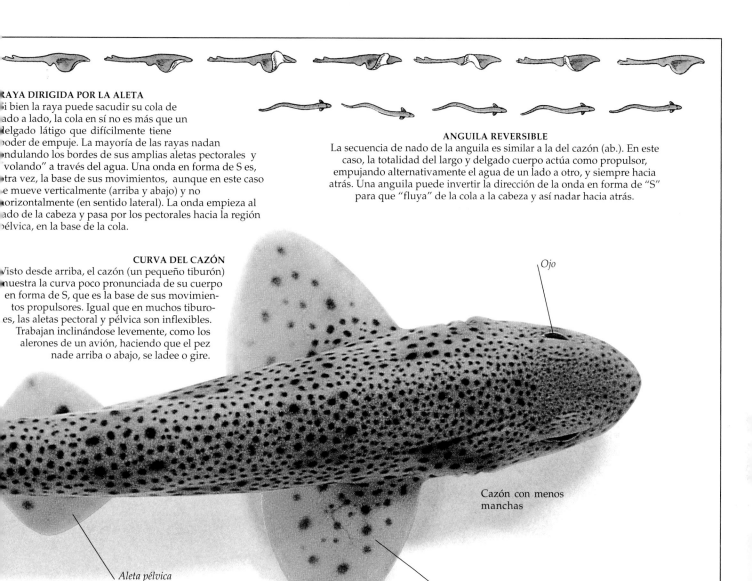

RAYA DIRIGIDA POR LA ALETA

Si bien la raya puede sacudir su cola de lado a lado, la cola en sí no es más que un delgado látigo que difícilmente tiene poder de empuje. La mayoría de las rayas nadan ondulando los bordes de sus amplias aletas pectorales y "volando" a través del agua. Una onda en forma de S es, otra vez, la base de sus movimientos, aunque en este caso se mueve verticalmente (arriba y abajo) y no horizontalmente (en sentido lateral). La onda empieza al lado de la cabeza y pasa por los pectorales hacia la región pélvica, en la base de la cola.

ANGUILA REVERSIBLE

La secuencia de nado de la anguila es similar a la del cazón (ab.). En este caso, la totalidad del largo y delgado cuerpo actúa como propulsor, empujando alternativamente el agua de un lado a otro, y siempre hacia atrás. Una anguila puede invertir la dirección de la onda en forma de "S" para que "fluya" de la cola a la cabeza y así nadar hacia atrás.

CURVA DEL CAZÓN

Visto desde arriba, el cazón (un pequeño tiburón) muestra la curva poco pronunciada de su cuerpo en forma de S, que es la base de sus movimientos propulsores. Igual que en muchos tiburones, las aletas pectoral y pélvica son inflexibles. Trabajan inclinándose levemente, como los alerones de un avión, haciendo que el pez nade arriba o abajo, se ladee o gire.

Ojo

Cazón con menos manchas

Aleta pélvica

Aleta pectoral

Cuando el pico alcanza el área entre las dos aletas dorsales, la cola inicia su empuje recto

El pico de esta onda alcanza la cola. En tanto, la trompa ha empezado otra onda

MOVIMIENTO EN 3D

A diferencia de los humanos que caminan sobre la superficie de la Tierra, un pez se mueve en tres dimensiones: adelante y atrás, derecha e izquierda y también arriba y abajo. El control principal para maniobrar son las aletas, incluida la aleta caudal (cola). Para cambiar de dirección, la superficie de control se inclina formando un ángulo con el flujo del agua. El agua presiona en esta superficie tratando de enderezarlo, lo que ejerce una fuerza que hace girar el cuerpo del pez. Un submarino se controla de la misma manera, con un timón en la parte posterior que lo guía a derecha o izquierda; en los hidroplanos horizontales inclina el aparato hacia arriba o abajo.

CONTROL
Las aletas pectoral y pélvica giran para que suba, se detenga o se sumerja.

GIRO
La aleta dorsal (también la pectoral y la pélvica) hacen que el pez gire sobre su propio eje.

DESVÍO
Se mueven a la derecha o izquierda mediante una combinación de ángulos de las aletas.

Un cohete en el aire debe permanecer firme en tres dimensiones, como lo hace un pez cuando nada en el agua

Colas y aletas

Cola de pez espada

COLA DE VELA

El pez espada (p. 10) es uno de los más rápidos; alcanza velocidades de más de 60 m/h (96 km/h). Su cola, como medialuna, estrecha aunque profunda, es típica de peces que viajan a gran velocidad. Poco carnosa y pobre en escamas, está hecha principalmente de espinas de aleta. La cola es poco flexible, pero muy fuerte pues ejerce el enorme poder de los músculos corporales para impulsarse en el agua.

Forma de medialuna para la velocidad

ALETA DE PEJERREY

La forma redonda del cuerpo del pejerrey no es muy estilizada, pero sus largas aletas que expanden su cuerpo le facilitan los movimientos rápidos en el agua.

LAS ALETAS DE UN PEZ son un compromiso entre moverse y detenerse. La mayoría de peces se impulsan con sus aletas, especialmente con la caudal (cola); aunque al mismo tiempo deben ser capaces de guiar y detenerse con precisión, lo cual hacen con sus aletas pectoral, dorsal y pélvica. Es posible deducir la forma de vida de un pez por sus aletas: una delgada y de bordes afilados, con una cola bifurcada y estrecha indican un rápido cruzero, como el atún o el pez espada. Una aleta relativamente grande y ampulosa, con cola amplia y cuadrada ayudan a maniobrar a peces que viven cerca del fondo o entre rocas y arrecifes.

DE PUNTILLAS

Enormes aletas pectorales, con espinas de aleta erizadas, hacen del rubio un pez muy espinoso. Las primeras espinas de cada aleta pectoral están separadas; se mueven como patas de araña cuando el rubio va de "puntillas" por el fondo.

Borde suave de ventosa: se cierra sobre la piel del huésped

Rémora ventosa

Placas de succión, se inclinan para crear un vacío

PEGADA AL TIBURÓN

La rémora ha evolucionado su aleta dorsal para que actúe como una ventosa. Con frecuencia se adhiere al tiburón azul; mientras pasea come los parásitos de su huésped, y tal vez hasta comparte sobras.

Lóbulo superior grande que gira al pez hacia arriba

LÓBULOS DESIGUALES

La desigual cola del esturión es heterocercal, un tipo también común de varios tiburones. La columna del pez gira hacia arriba sobre el lóbulo superior, y la mayoría de las espinas que forman el lóbulo de la cola vienen de la parte baja de la columna. Las espinas del lado inferior de la columna forman sólo el pequeño extremo de la cola.

Espinas de aleta

COLA INCREÍBLE

La cola del pez mariposa está apenas dividida en dos lóbulos. Éste espécimen capturado al este de África porta garabatos que parecen una vieja escritura árabe, que significan: "no es Dios, sino Alá". ¡Por eso alcanza un alto precio en el mercado de peces!

Cola de esturión

COLA FUSIONADA

En algunos bagres acorazados, los lóbulos superiores e inferiores de la aleta caudal se unen y forman una gran superficie. Las muescas gemelas dan a la cola un contorno de "doble margen".

لا إله إلا الله

Cola de mariposa

Muesca en aleta caudal

Cola de bagre acorazado

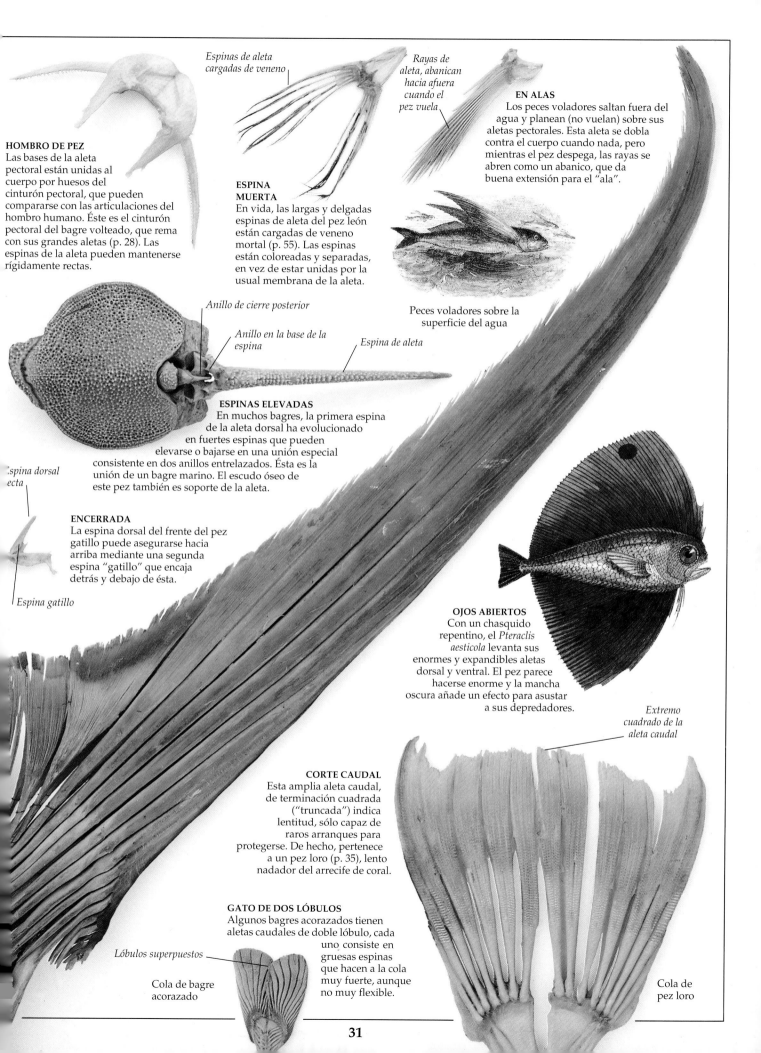

HOMBRO DE PEZ
Las bases de la aleta pectoral están unidas al cuerpo por huesos del cinturón pectoral, que pueden compararse con las articulaciones del hombro humano. Éste es el cinturón pectoral del bagre volteado, que rema con sus grandes aletas (p. 28). Las espinas de la aleta pueden mantenerse rígidamente rectas.

Espinas de aleta cargadas de veneno

ESPINA MUERTA
En vida, las largas y delgadas espinas de aleta del pez león están cargadas de veneno mortal (p. 55). Las espinas están coloreadas y separadas, en vez de estar unidas por la usual membrana de la aleta.

Rayas de aleta, abanican hacia afuera cuando el pez vuela

EN ALAS
Los peces voladores saltan fuera del agua y planean (no vuelan) sobre sus aletas pectorales. Esta aleta se dobla contra el cuerpo cuando nada, pero mientras el pez despega, las rayas se abren como un abanico, que da buena extensión para el "ala".

Peces voladores sobre la superficie del agua

Anillo de cierre posterior

Anillo en la base de la espina

Espina de aleta

ESPINAS ELEVADAS
En muchos bagres, la primera espina de la aleta dorsal ha evolucionado en fuertes espinas que pueden elevarse o bajarse en una unión especial consistente en dos anillos entrelazados. Ésta es la unión de un bagre marino. El escudo óseo de este pez también es soporte de la aleta.

Espina dorsal ecta

ENCERRADA
La espina dorsal del frente del pez gatillo puede asegurarse hacia arriba mediante una segunda espina "gatillo" que encaja detrás y debajo de ésta.

Espina gatillo

OJOS ABIERTOS
Con un chasquido repentino, el *Pteraclis aesticola* levanta sus enormes y expandibles aletas dorsal y ventral. El pez parece hacerse enorme y la mancha oscura añade un efecto para asustar a sus depredadores.

Extremo cuadrado de la aleta caudal

CORTE CAUDAL
Esta amplia aleta caudal, de terminación cuadrada ("truncada") indica lentitud, sólo capaz de raros arranques para protegerse. De hecho, pertenece a un pez loro (p. 35), lento nadador del arrecife de coral.

GATO DE DOS LÓBULOS
Algunos bagres acorazados tienen aletas caudales de doble lóbulo, cada uno consiste en gruesas espinas que hacen a la cola muy fuerte, aunque no muy flexible.

Lóbulos superpuestos

Cola de bagre acorazado

Cola de pez loro

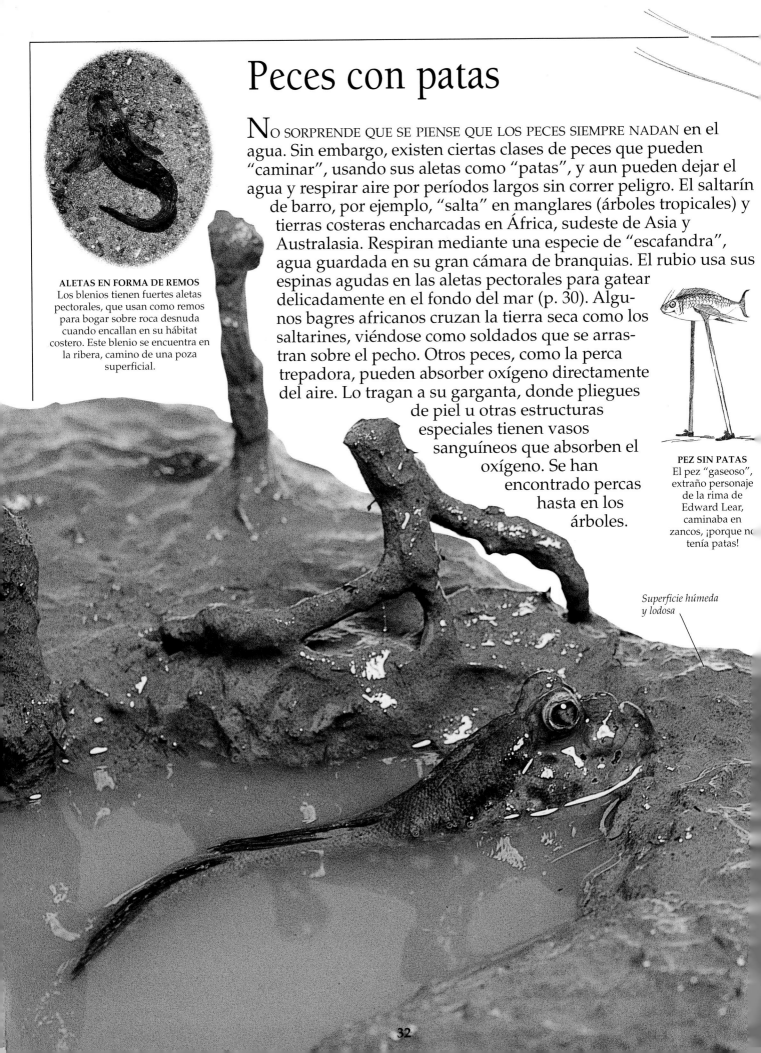

Peces con patas

No SORPRENDE QUE SE PIENSE QUE LOS PECES SIEMPRE NADAN en el agua. Sin embargo, existen ciertas clases de peces que pueden "caminar", usando sus aletas como "patas", y aun pueden dejar el agua y respirar aire por períodos largos sin correr peligro. El saltarín de barro, por ejemplo, "salta" en manglares (árboles tropicales) y tierras costeras encharcadas en África, sudeste de Asia y Australasia. Respiran mediante una especie de "escafandra", agua guardada en su gran cámara de branquias. El rubio usa sus espinas agudas en las aletas pectorales para gatear delicadamente en el fondo del mar (p. 30). Algunos bagres africanos cruzan la tierra seca como los saltarines, viéndose como soldados que se arrastran sobre el pecho. Otros peces, como la perca trepadora, pueden absorber oxígeno directamente del aire. Lo tragan a su garganta, donde pliegues de piel u otras estructuras especiales tienen vasos sanguíneos que absorben el oxígeno. Se han encontrado percas hasta en los árboles.

ALETAS EN FORMA DE REMOS
Los blenios tienen fuertes aletas pectorales, que usan como remos para bogar sobre roca desnuda cuando encallan en su hábitat costero. Este blenio se encuentra en la ribera, camino de una poza superficial.

PEZ SIN PATAS
El pez "gaseoso", extraño personaje de la rima de Edward Lear, caminaba en zancos, ¡porque no tenía patas!

Superficie húmeda y lodosa

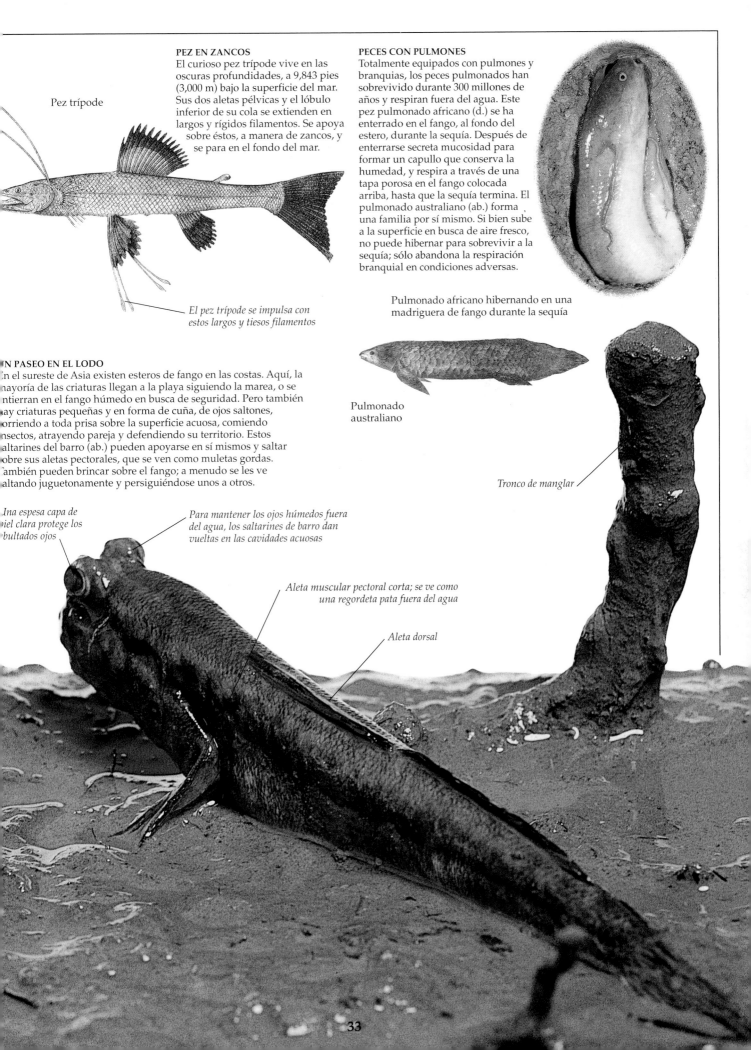

PEZ EN ZANCOS

El curioso pez trípode vive en las oscuras profundidades, a 9,843 pies (3,000 m) bajo la superficie del mar. Sus dos aletas pélvicas y el lóbulo inferior de su cola se extienden en largos y rígidos filamentos. Se apoya sobre éstos, a manera de zancos, y se para en el fondo del mar.

Pez trípode

El pez trípode se impulsa con estos largos y tiesos filamentos

PECES CON PULMONES

Totalmente equipados con pulmones y branquias, los peces pulmonados han sobrevivido durante 300 millones de años y respiran fuera del agua. Este pez pulmonado africano (d.) se ha enterrado en el fango, al fondo del estero, durante la sequía. Después de enterrarse secreta mucosidad para formar un capullo que conserva la humedad, y respira a través de una tapa porosa en el fango colocada arriba, hasta que la sequía termina. El pulmonado australiano (ab.) forma una familia por sí mismo. Si bien sube a la superficie en busca de aire fresco, no puede hibernar para sobrevivir a la sequía; sólo abandona la respiración branquial en condiciones adversas.

Pulmonado africano hibernando en una madriguera de fango durante la sequía

Pulmonado australiano

UN PASEO EN EL LODO

En el sureste de Asia existen esteros de fango en las costas. Aquí, la mayoría de las criaturas llegan a la playa siguiendo la marea, o se entierran en el fango húmedo en busca de seguridad. Pero también hay criaturas pequeñas y en forma de cuña, de ojos saltones, corriendo a toda prisa sobre la superficie acuosa, comiendo insectos, atrayendo pareja y defendiendo su territorio. Estos saltarines del barro (ab.) pueden apoyarse en sí mismos y saltar sobre sus aletas pectorales, que se ven como muletas gordas. También pueden brincar sobre el fango; a menudo se les ve saltando juguetonamente y persiguiéndose unos a otros.

Una espesa capa de piel clara protege los abultados ojos

Para mantener los ojos húmedos fuera del agua, los saltarines de barro dan vueltas en las cavidades acuosas

Aleta muscular pectoral corta; se ve como una regordeta pata fuera del agua

Aleta dorsal

Tronco de manglar

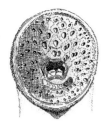

El alimento

EL PEZ GRANDE se come al chico, y los peces chicos se comen a otros más chicos. Pero, ¿qué es lo que comen los más pequeños? Esta pregunta encontró respuesta cuando se vio a través de una lente de aumento. La vida acuática y terrestre se sustenta en las plantas. La mayoría de las plantas marinas son microscópicas y se les llama fitoplancton y lo comen diminutos animales llamados zooplancton. Las criaturitas, como los moluscos, comen plancton, y así crece la gran cadena alimentaria. La parte frontal del un pez dice mucho sobre su dieta. Dientes grandes y trituradores mastican mariscos, corales o plantas duras; dientes filosos y agudos muestran un cazador, mientras que una boca cavernosa es seña de que traga sólo para alimentarse.

CHUPASANGRE

Uno de los poco peces sin mandíbulas, la lamprea, se alimenta adhiriéndose a su presa con una ventosa, después raspa la piel con sus dientes y sorbe la sangre.

PEZ ENSARTADO

La idea popular de un pez espada con un infortunada víctima clavada en su espad aparece en este fantasioso grabado

Cráneo de pez trompa de elefante

Mandíbulas chicas en la parte posterio de la "nariz"

PICA CON LA NARI

El pez trompa de elefante de África tiene un nariz larga y curva, con mandíbula chicas en el extremo. Escarba co ella entre las grietas y abajo d fango para encontrar s alimento de criatura acuática pequeña

MAXILAR SORPRENDENTE

El pez de San Pedro tiene una sorpresa reservada para sus incautas presas. Este pez extremadamente delgado, se desliza encima de peces más chicos y camarones, de frente para no ser notado. Entonces, sus mandíbulas súbitamente hacen palanca para engullir a la presa.

Boca gesticulante para sorber alimento

Cráneo de puercoespín

Cráneo de brema europea

Cráneo de San Pedro

GARGANTA QUE MASTICA

La brema europea o común, pez verde olivo y plata de agua dulce, tiene boca de succión que usa para agitar y colar el fango, sorbiendo pequeños gusanos del fondo, moluscos, insectos y larvas. Después los tritura con sus dientes faríngeos o de la garganta.

Diente faríngeo de la brema

Mandíbulas extendidas para atrapar presas

PINCHAR NO ES PROBLEMA

El pez puercoespín es conocido por su habilidad para inflarse y erguir sus espinas cuando se le molesta (p. 38). Su dieta es menos conocida; consiste de mejillones y otros moluscos, corales escondidos en sus casas rocosas y hasta erizos de mar escondidos tras espinas. En cada mandíbula, los dientes se funden para formar una dura cresta para morder de frente, con una placa plana trituradora posterior.

FRUTA Y CÁSCARA DE NUEZ

El pacú, de la región amazónica, come frutos y nueces que caen al río. Tiene fuertes dientes trituradores al frente de la boca para morder y reunir comida.

Camarón

Dientes trituradores

Mejillones de concha dura

Semilla de *Pirhanea trifoliata* (árbol piraña)

Nuez de Brasil

PINZAS DE PEZ TROMPET

Un largo "pico" se extienden entre la pequeña boca de pez trompeta y sus ojos. La trompa y pequeños dientes a extremo son usados como pinzas para sacar animales d su escondite

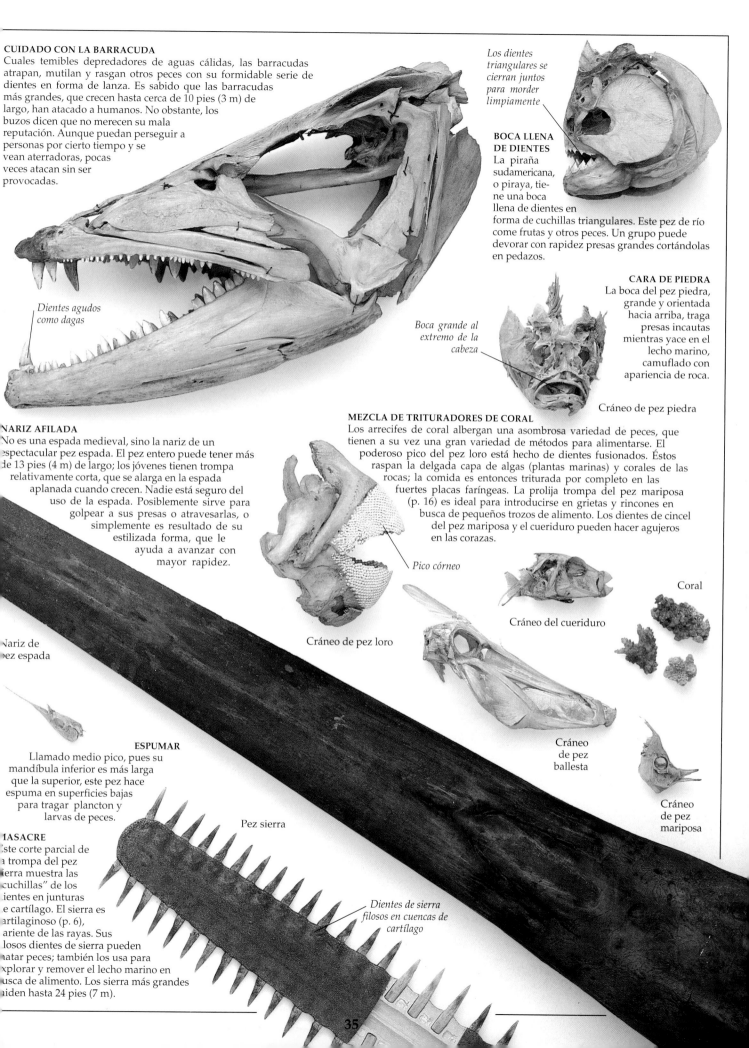

CUIDADO CON LA BARRACUDA

Cuales temibles depredadores de aguas cálidas, las barracudas atrapan, mutilan y rasgan otros peces con su formidable serie de dientes en forma de lanza. Es sabido que las barracudas más grandes, que crecen hasta cerca de 10 pies (3 m) de largo, han atacado a humanos. No obstante, los buzos dicen que no merecen su mala reputación. Aunque puedan perseguir a personas por cierto tiempo y se vean aterradoras, pocas veces atacan sin ser provocadas.

Los dientes triangulares se cierran juntos para morder limpiamente

Dientes agudos como dagas

BOCA LLENA DE DIENTES

La piraña sudamericana, o piraya, tiene una boca llena de dientes en forma de cuchillas triangulares. Este pez de río come frutas y otros peces. Un grupo puede devorar con rapidez presas grandes cortándolas en pedazos.

CARA DE PIEDRA

La boca del pez piedra, grande y orientada hacia arriba, traga presas incautas mientras yace en el lecho marino, camuflado con apariencia de roca.

Boca grande al extremo de la cabeza

Cráneo de pez piedra

MEZCLA DE TRITURADORES DE CORAL

Los arrecifes de coral albergan una asombrosa variedad de peces, que tienen a su vez una gran variedad de métodos para alimentarse. El poderoso pico del pez loro está hecho de dientes fusionados. Éstos raspan la delgada capa de algas (plantas marinas) y corales de las rocas; la comida es entonces triturada por completo en las fuertes placas faríngeas. La prolija trompa del pez mariposa (p. 16) es ideal para introducirse en grietas y rincones en busca de pequeños trozos de alimento. Los dientes de cincel del pez mariposa y el cueriduro pueden hacer agujeros en las corazas.

Pico córneo

Coral

Cráneo del cueriduro

Cráneo de pez loro

Cráneo de pez ballesta

Cráneo de pez mariposa

NARIZ AFILADA

No es una espada medieval, sino la nariz de un espectacular pez espada. El pez entero puede tener más de 13 pies (4 m) de largo; los jóvenes tienen trompa relativamente corta, que se alarga en la espada aplanada cuando crecen. Nadie está seguro del uso de la espada. Posiblemente sirve para golpear a sus presas o atravesarlas, o simplemente es resultado de su estilizada forma, que le ayuda a avanzar con mayor rapidez.

Nariz de pez espada

ESPUMAR

Llamado medio pico, pues su mandíbula inferior es más larga que la superior, este pez hace espuma en superficies bajas para tragar plancton y larvas de peces.

Pez sierra

MASACRE

Este corte parcial de la trompa del pez sierra muestra las "cuchillas" de los dientes en junturas de cartílago. El sierra es cartilaginoso (p. 6), variante de las rayas. Sus filosos dientes de sierra pueden matar peces; también los usa para explorar y remover el lecho marino en busca de alimento. Los sierra más grandes miden hasta 24 pies (7 m).

Dientes de sierra filosos en cuencas de cartílago

Fuera del agua

Casi todos los peces se alimentan
en su ambiente natural: el agua.
Algunos, como la trucha,
llegan hasta la superficie
para agarrar moscas
ahogadas y otro tipo
de alimento
atrapado en la
capa superficial del
agua o volando encima de ella. Pero pocos son
los peces capaces de atrapar el que está fuera
del agua. El pez arquero es un experto. Hay
cinco especies de pez arquero que nadan
en los manglares tropicales y costas de
de la India y Australasia. La mayor
parte del tiempo el arquero no usa sus
"flechas"; se alimenta de presas que
flotan en el agua. En cambio, cuando el hambre lo
acucia, lanza chorros de agua a presión a insectos
y otras criaturas en hojas y tallos fuera del agua.
El ataque sorpresa los derriba y, en el agua, el
arquero los atrapa.

La araña en la hoja es la presa

*Pez
mariposa
africano*

MARIPOSA SALTARINA
El pez mariposa de África occidental
nada cercano a la superficie de los
pantanos cubiertos de hierba y se lanza
sobre los insectos que viven en la
superficie. También puede saltar hasta
6 pies (2 m) y atrapar bocados; una
proeza para un pez que mide sólo
4 pulg (10 cm).

Chorro apuntando a la araña

GOLPE DIRECTO
El pez arquero nada lentamente hacia una posición debajo
de la víctima, viendo hacia arriba con sus grandes ojos.
Pone su cuerpo casi vertical y sube hasta que la punta de su
nariz casi toca la superficie, luego lanza una carga de agua.
Disparar derecho le permite apuntar hacia el blanco más fácilmente
que si intentara disparar de lado. Si la primera carga de agua falla, el
pez puede ajustar la mira rápidamente para disparar una y otra vez.
Los peces arqueros empiezan a "escupir" desde muy jóvenes, aunque
parece que lo hacen sólo en ocasiones y sus chorros no viajan más allá
de 4 pulg (10 cm). Cuando son mayores, la distancia y puntería
mejoran. Un adulto experimentado puede dar un tiro directo a una
víctima hasta 5 pies (1.5 m) sobre la superficie.

**BOMBA DE AGUA DEL
ARQUERO**
Cuando el pez arquero
está listo para "dispa-
rar", chasquea su cubier-
ta de branquias, que
comprime el agua en la
cámara de branquias y la
boca. La lengua presiona
adelante contra la mues-
ca en el paladar, convir-
tiéndolo en un tubo que
emite un rápido y
delgado chorro de agua.

*La lengua actúa
como válvula para
mantener el agua
bajo presión*

Muescas en el paladar

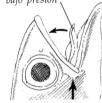
Vista de la boca del
arquero que muestra
el movimiento de la
lengua

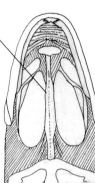
Vista interna del
paladar del pez
arquero

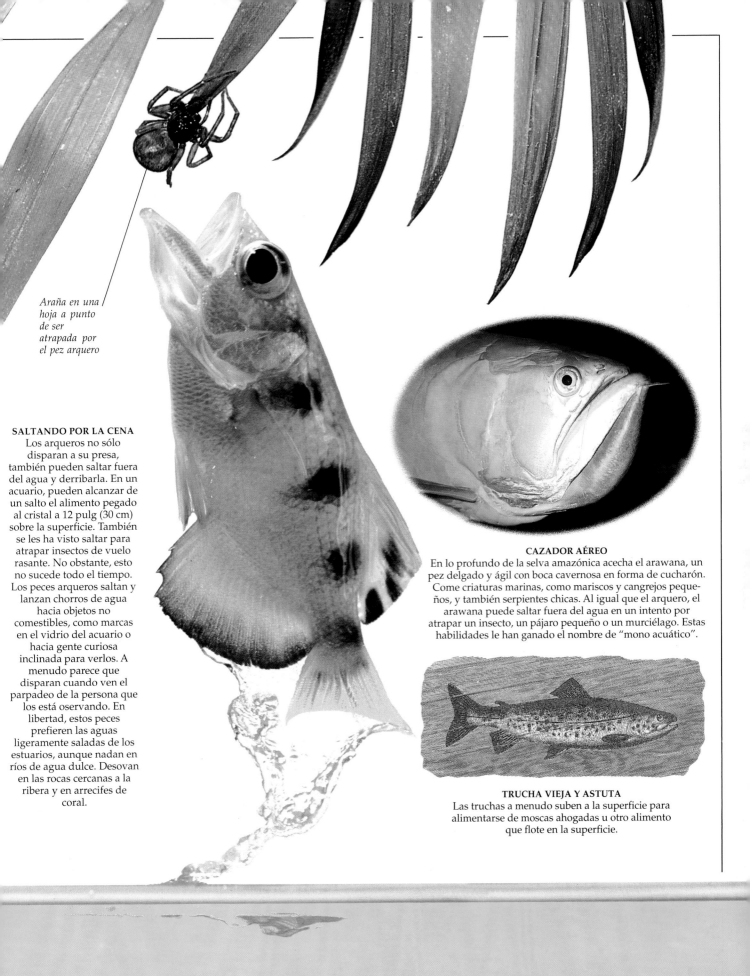

Araña en una hoja a punto de ser atrapada por el pez arquero

SALTANDO POR LA CENA

Los arqueros no sólo disparan a su presa, también pueden saltar fuera del agua y derribarla. En un acuario, pueden alcanzar de un salto el alimento pegado al cristal a 12 pulg (30 cm) sobre la superficie. También se les ha visto saltar para atrapar insectos de vuelo rasante. No obstante, esto no sucede todo el tiempo. Los peces arqueros saltan y lanzan chorros de agua hacia objetos no comestibles, como marcas en el vidrio del acuario o hacia gente curiosa inclinada para verlos. A menudo parece que disparan cuando ven el parpadeo de la persona que los está oservando. En libertad, estos peces prefieren las aguas ligeramente saladas de los estuarios, aunque nadan en ríos de agua dulce. Desovan en las rocas cercanas a la ribera y en arrecifes de coral.

CAZADOR AÉREO

En lo profundo de la selva amazónica acecha el arawana, un pez delgado y ágil con boca cavernosa en forma de cucharón. Come criaturas marinas, como mariscos y cangrejos pequeños, y también serpientes chicas. Al igual que el arquero, el arawana puede saltar fuera del agua en un intento por atrapar un insecto, un pájaro pequeño o un murciélago. Estas habilidades le han ganado el nombre de "mono acuático".

TRUCHA VIEJA Y ASTUTA

Las truchas a menudo suben a la superficie para alimentarse de moscas ahogadas u otro alimento que flote en la superficie.

Disuasión

En el mundo submarino, los peces siempre están listos para lidiar con sus enemigos. Salir huyendo es una forma de frustrar a los cazadores. El tamaño es otra, pues los peces grandes lo son demasiado para un bocado, mientras que los más pequeños puede refugiarse en grietas y hendiduras. Otra táctica es el camuflaje (p. 50). Algunos peces han desarrollado armas para defenderse de los cazadores hambrientos. El puercoespín y el pez globo pueden inflarse y erizar sus espinas para desalentar a sus enemigos. El pez ballesta tiene una espina en el dorso que permanece erguida por la proyeccción ósea de una segunda espina menor. Cuando éste forcejea, su espina rígida puede dañar a su depredador. Algunos bagres también tienen espinas aserradas sostenidas por las aletas. Al expandirlas, presentan un triángulo espinoso, que puede cortar y hasta sofocar a su depredador.

LUZ PARA VIVIR
Muchos peces abisales tienen órganos luminosos que los protegen de depredadores, aparentando que "desaparecen", o cegándolos, como las luces del automóvil. Este pez dragón escamado tiene barbas luminosas.

EL ESCALPELO DEL CIRUJANO
Los peces cirujanos habitan en los arrecifes de coral del Pacífico tropical. Su nombre se debe a un "bisturí" óseo, afilado y en forma de cuchilla, cercano a la base de la cola. Esta cuchilla corta limpiamente la carne, como el escalpelo del cirujano. Algunas especies tienen una hilera de pequeñas cuchillas; en otras, el bisturí permanece doblado en una estría cuando no está en uso, pero puede sacarla, como navaja automática, cuando el pez voltea de improviso y embiste a su enemigo. Los peces cirujanos usan su navaja defensivamente para fustigar a los depredadores. La mayor parte del tiempo pasean entre corales y plantas marinas, remando con sus aletas pectorales.

Pez cirujano

Aleta pectoral

Forma del cuerpo: alta y delgada

Largas aletas dorsal y anal

Bisturí

Bisturí extendido en ángulo recto respecto al pez

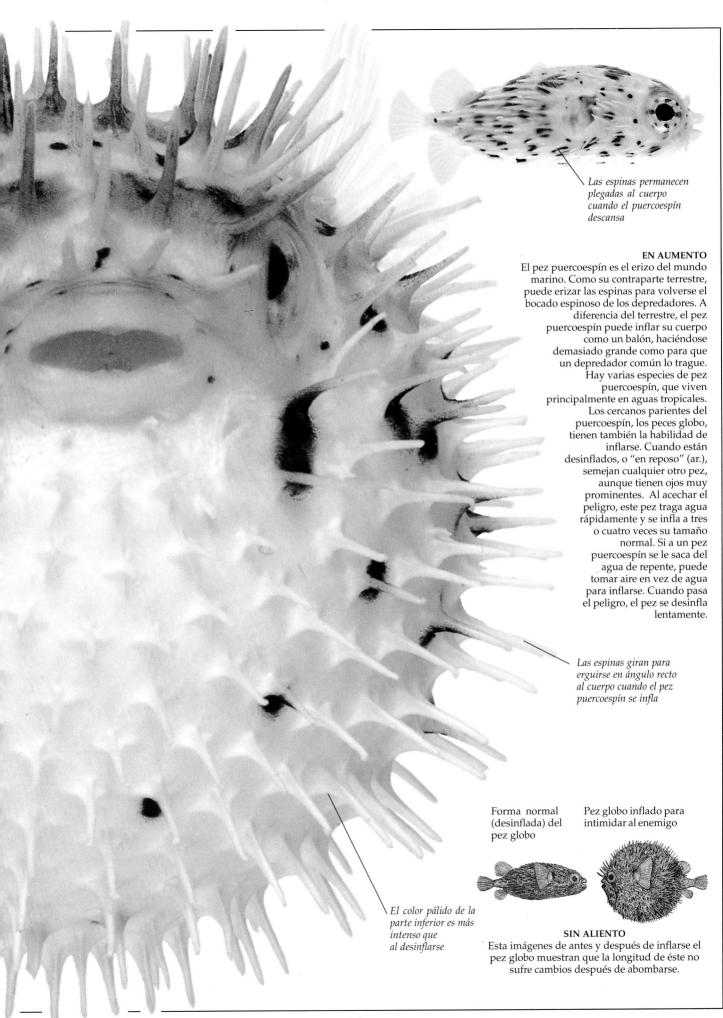

*Las espinas permanecen
plegadas al cuerpo
cuando el puercoespín
descansa*

EN AUMENTO

El pez puercoespín es el erizo del mundo
marino. Como su contraparte terrestre,
puede erizar las espinas para volverse el
bocado espinoso de los depredadores. A
diferencia del terrestre, el pez
puercoespín puede inflar su cuerpo
como un balón, haciéndose
demasiado grande como para que
un depredador común lo trague.
Hay varias especies de pez
puercoespín, que viven
principalmente en aguas tropicales.
Los cercanos parientes del
puercoespín, los peces globo,
tienen también la habilidad de
inflarse. Cuando están
desinflados, o "en reposo" (ar.),
semejan cualquier otro pez,
aunque tienen ojos muy
prominentes. Al acechar el
peligro, este pez traga agua
rápidamente y se infla a tres
o cuatro veces su tamaño
normal. Si a un pez
puercoespín se le saca del
agua de repente, puede
tomar aire en vez de agua
para inflarse. Cuando pasa
el peligro, el pez se desinfla
lentamente.

*Las espinas giran para
erguirse en ángulo recto
al cuerpo cuando el pez
puercoespín se infla*

Forma normal
(desinflada) del
pez globo

Pez globo inflado para
intimidar al enemigo

*El color pálido de la
parte inferior es más
intenso que
al desinflarse*

SIN ALIENTO

Esta imágenes de antes y después de inflarse el
pez globo muestran que la longitud de éste no
sufre cambios después de abombarse.

Construcción de la casa

COMO OTRAS CRÍAS ANIMALES, los peces recién nacidos se desarrollan a partir de los huevos de la hembra fertilizados por el macho. En tierra, la madre y el padre deben estar juntos para aparearse. Pero entre los peces, a menudo es necesario sólo estar cerca uno del otro, pues el agua junta los huevos y el esperma. Miles de peces se juntan en temporada de gestación y desove (poner huevos y fertilizarlos) al arrojar sus ovas (huevos) y lecha (esperma) en la misma zona de agua. Aun así, algunas especies tienen rutinas de cortejo, en las que regularmente el macho atrae a la hembra con sus brillantes colores. Construir y cuidar un nido, como hace el pez espinoso, es una forma de dar a los huevos y jóvenes mayor oportunidad de sobrevivir.

Jóvenes en la costa: un gobio negro vigila su nidada

CRIADORES ROJOS Y AZULES

Cada primavera, en estanques, ríos y lagos a lo largo del Hemisferio Norte, los peces espinosos de tres espinas se preparan para procrear. Cada macho muestra una espléndida garganta rojo intenso y ojos azul brillante. Persigue a otros machos y los expulsa de su territorio: su propia mancha de agua. Allí construye un nido, y posteriormente seduce a la hembra para que ponga sus huevos en él; los fertiliza y protege su desarrollo cuando incuban y crecen.

Trozo de planta acuática en la boca del pez espinoso

Ojo azul brillante

Garganta roja

1 ACOPIO DE MATERIALES
El pez espinoso macho está listo para recoger pedazos de plantas acuáticas para su nido.

El sitio ideal para hacer el nido es bajo un pequeño peñasco

El pez espinoso escarba la grava con su trompa

NIDO EN EL MAR
El macho del pez espinoso de 15 espinas hace nido, como su primo de agua dulce. Los pequeños pedazos de plantas marinas son colocados en grandes grupos y "atados" con hebras pegajosas hechas por el riñón del macho.

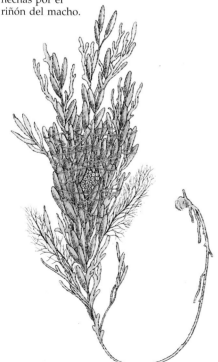

2 EXCAVACIÓN DE LOS CIMIENTOS
Empuja su trompa entre las piedras y fango del fondo, los echa a un lado hasta hacer un hoyo poco profundo. El nido es a veces situado entre plantas marinas o bajo el refugio de pequeños peñascos.

El pez espinoso hace una base firme pinchando las plantas con la trompa

3 BASE FIRME
Mientras el macho empieza a empujar trozos de plantas, los apuntala firmemente para formar una base segura. La gran aleta pectoral, en forma de abanico, es útil para las maniobras que requiere el proceso.

BURBUJAS PARA BEBÉS
Este gourami enano, como muchos de sus parientes, es un criador en nidos-burbujas. El macho, resplandeciente en brillantes colores turquesas y franjas rojas, atrae a la hembra para que ponga huevos. Entonces los fecunda e infla en una masa de burbujas cubiertas de saliva, donde empiezan su desarrollo.

4 FASE DE PEGADO
Conforme la pila de material crece, el macho une las piezas con "pegamento": una secreción hecha por las partes especializadas del riñón. El nido crece poco a poco, capa por capa.

INSTINTO PATERNAL
El boufín es un pez holósteo (p. 9) del este de Norte América. Cada primavera, el macho remueve grava, raíces y otros trozos de plantas, usualmente en partes cenagosas de su hogar, en el lago o río. Una o más hembras ponen huevos que el macho fertiliza y cuida hasta que las larvas se incuban. Éstas se pegan en el nido mediante glándulas en sus cabezas, y se nutren de sus sacos de vitelo (p. 42) hasta que pueden nadar libremente.

5 SUMINISTRO DE VENTILACIÓN
El acopio de plantas y pegamento evita que fluya el agua fresca por el nido, que es necesaria para mantener a los huevos oxigenados. Por ello, los peces usan sus aletas para abanicar el flujo de agua a través del nido.

Las aletas pectorales abanican para crear una corriente de agua que airea el nido

Boca abierta en "bostezo"

"Bostezo"

ESPINOSO TRABAJANDO
Mientras el macho elige el sitio y empieza la construcción, se detiene a veces sobre el nido para realizar acciones como la de arriba. Se cree que es para advertir a otros peces que la construcción está en progreso y así alejarlos.

Despliegue de "curva en S"

CORTEJO COMPLICADO
Como el macho del espinoso, el macho del pez mandarín, pez costero europeo, intensifica sus colores y muestra su cuerpo y aletas para invitar a la hembra. Mide cerca de 30 cm (12 pulg) de largo; la hembra, sólo dos tercios, y o tiene colores vivos.
Él la atrae con incitantes cortejos circulares; posteriormente, la pareja nada junta y forma, con sus aletas anales, un canal a través del cual se van liberando huevos y esperma. Después de esta compleja actividad, los padres nadan y dejan a los huevos incubarse solos.

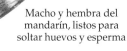

Macho y hembra del mandarín, listos para soltar huevos y esperma

Huevos de pez

Caviar negro genuino
(de esturión beluga)

Caviar rojo (de
salmón) puede
teñirse de negro

HUEVOS EN GALLETAS

Pocos tipos de huevos, o hueva, se han vuelto
la delicia del paladar humano en forma de
caviar. La gente los consume en parte por su
sabor, y en parte por su valor. Tristemente, las
hembras maduras se pescan por el caviar y,
aunque regresan al agua, el futuro de varias
especies está amenazado, en especial del
enorme esturión beluga.

*Grupos de huevos
amarillos y redondos*

Como grupo, los peces muestran casi todas las clases de
reproducción. El bacalao y el rodaballo liberan millones de
huevos diminutos, esparciéndolos en el agua para que
se fertilicen y desarrollen sin ayuda. Todos, excepto un
puñado de ellos, acabarán como alimento de otras
criaturas. Por otra parte, el cabeza de toro pone uno o dos
mil huevos, y el macho los cuida fieramente mientras los
embriones se incuban y desarrollan dentro. Todas son
especies ovíparas, es decir, los huevos se desarrollan fuera
del cuerpo. Sin embargo, no todos los peces ponen huevos.
Algunas especies, como los tiburones, son vivíparos, al igual
que los mamíferos. Esto significa que los embriones crecen en
el interior de la madre, y éstas paren cuando aquél está
totalmente formado.

BAJO EL PULGAR

En primavera, "alfileteros" de hasta 250 rondas, huevos amarillos, aparecen en
hondonadas rocosas en los fondos arenosos de ríos y lagos. Son masas de
huevos de la hembra del barbudo negro, o pulgar de molinero, llamado así
por su cabeza grande y plana, que recuerda el pulgar ancho del
molinero, que siempre prueba la harina y el grano al darle vuelta
entre los dedos y el pulgar. El barbudo macho cuida y abanica
los huevos por más de un mes hasta que se incuban y los
jóvenes puedan nadar. Sin embargo, los que se
demoren en salir serán devorados por el padre.

*La cabeza ancha y plana da
nombre al pulgar de molinero*

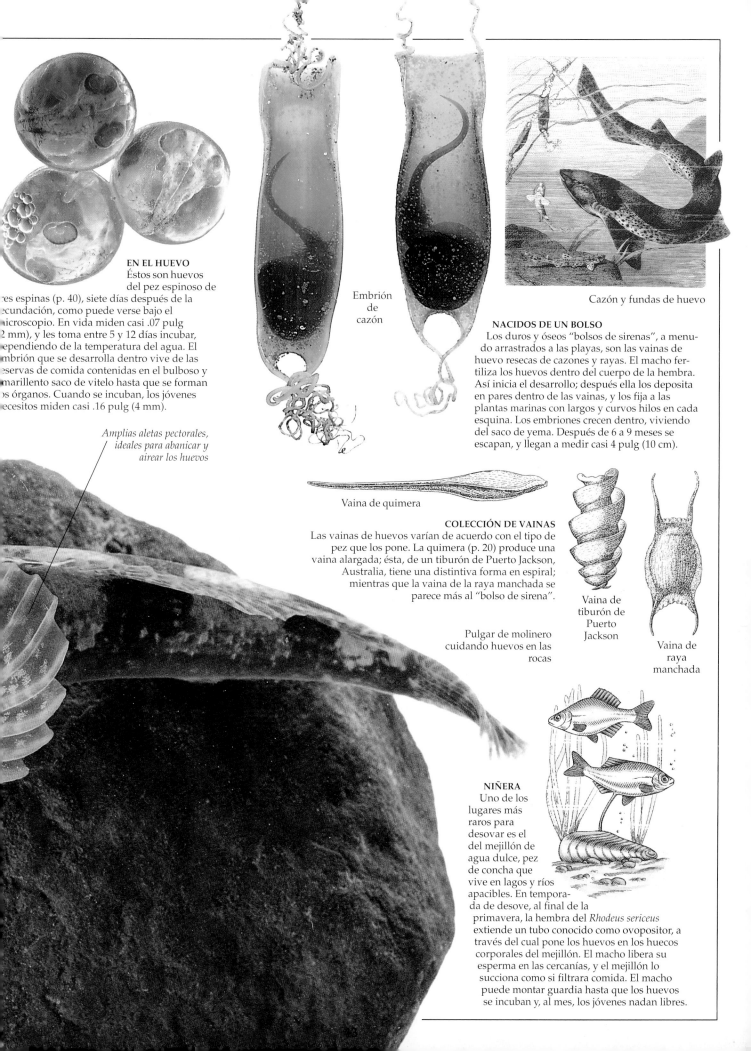

EN EL HUEVO

Éstos son huevos del pez espinoso de [t]res espinas (p. 40), siete días después de la [f]ecundación, como puede verse bajo el [m]icroscopio. En vida miden casi .07 pulg [2 mm), y les toma entre 5 y 12 días incubar, [d]ependiendo de la temperatura del agua. El [e]mbrión que se desarrolla dentro vive de las [r]eservas de comida contenidas en el bulboso y [a]marillento saco de vitelo hasta que se forman [l]os órganos. Cuando se incuban, los jóvenes [p]ecesitos miden casi .16 pulg (4 mm).

Amplias aletas pectorales, ideales para abanicar y airear los huevos

Embrión de cazón

Cazón y fundas de huevo

NACIDOS DE UN BOLSO

Los duros y óseos "bolsos de sirenas", a menudo arrastrados a las playas, son las vainas de huevo resecas de cazones y rayas. El macho fertiliza los huevos dentro del cuerpo de la hembra. Así inicia el desarrollo; después ella los deposita en pares dentro de las vainas, y los fija a las plantas marinas con largos y curvos hilos en cada esquina. Los embriones crecen dentro, viviendo del saco de yema. Después de 6 a 9 meses se escapan, y llegan a medir casi 4 pulg (10 cm).

Vaina de quimera

COLECCIÓN DE VAINAS

Las vainas de huevos varían de acuerdo con el tipo de pez que los pone. La quimera (p. 20) produce una vaina alargada; ésta, de un tiburón de Puerto Jackson, Australia, tiene una distintiva forma en espiral; mientras que la vaina de la raya manchada se parece más al "bolso de sirena".

Vaina de tiburón de Puerto Jackson

Vaina de raya manchada

Pulgar de molinero cuidando huevos en las rocas

NIÑERA

Uno de los lugares más raros para desovar es el del mejillón de agua dulce, pez de concha que vive en lagos y ríos apacibles. En temporada de desove, al final de la primavera, la hembra del *Rhodeus sericeus* extiende un tubo conocido como ovopositor, a través del cual pone los huevos en los huecos corporales del mejillón. El macho libera su esperma en las cercanías, y el mejillón lo succiona como si filtrara comida. El macho puede montar guardia hasta que los huevos se incuban y, al mes, los jóvenes nadan libres.

Padres atentos

ALGUNOS PECES parecen carecer de instinto materno. Liberan millones de huevos en el agua y se alejan felices, dejándolos a merced de la naturaleza (p. 42). Sin embargo, otros parecen padres notablemente cuidadosos. Los bocaincubadora, como su nombre indica, son peces como los cíclidos, que cuidan sus huevos y crías en la boca y cavidades de la garganta. La hembra normalmente realiza esta tarea. El macho del bagre hace un trabajo similar. El caballo de mar y los peces pipa (p. 22) incuban sus huevos y algunos protegen a los jóvenes. Incluso los tiburones (p. 58), que normalmente atacan cualquier presa, incluso de su propia especie, muestran cierto cuidado y consideración ¡al no comerse a sus bebés! En ciertas especies, las pupas (tiburón bebé) nacen en "tierras de criadero" de aguas superficiales. Los machos adultos rara vez acuden a tal área, y las hembras dejan de comer. Es por ello que las pupas pueden empezar a vivir, ¡en vez de volverse alimento de sus padres!

BOLSA BUCAL
El barramundi asiático, *Scleropages formosus*, es un padre atento que incuba sus huevos, luego a las jóvenes crías, en una bolsa larga que forma parte de su mandíbula inferior. El pez es miembro de un reducido y antiguo grupo de peces que respiraban aire: los barramunda, que incluyen al acrobático arawana (p. 37).

BOCADO DE HUEVOS
Los cíclidos de rayas rojas, del lago africano Malawi, tienen padres escrupulosos. El macho limpia un hueco en la parte arenosa del lecho del lago; la hembra pone sus huevos allí. Él los fecunda y entonces ella los sorbe delicadamente y los cuida dentro de su boca varias semanas, hasta que nacen.

Las bandas amarillas brillantes dan a este bocaincubadora su nombre

"Bocaincubadora"

Este término describe a un grupo de peces que cuidan sus huevos en su boca. Aun después de nacidos, los jóvenes peces permanecen seguros al abrigo del "criadero bucal" de su madre. La mayoría de estos peces pertenecen a los cíclidos. El rayado amarillo (d.) es un cíclido y vive en el Lago Malawi, en África.

FUERA DE LA BOCA MATERNA
El peligro ha pasado. Este bocaincubadora rayado amarillo expulsa a los bebés de la boca, de forma que puedan nadar cerca y alimentarse de las menudas plantas flotantes y animales. Esto también permite a la atenta madre alimentarse. Cuando los pececillos son muy jóvenes, ella los mantiene en la boca la mayor parte del tiempo. Cuando crecen, gradualmente los va soltando, hasta que regresan a la boca sólo de noche o cuando hay alguna amenaza. Dentro de la boca, los jóvenes están bien protegidos y reciben un flujo de agua constante, con provisión de oxígeno para respirar.

Cíclido joven "soplado" de la boca de la madre

Los cíclidos permanecen cerca de su madre en caso de peligro

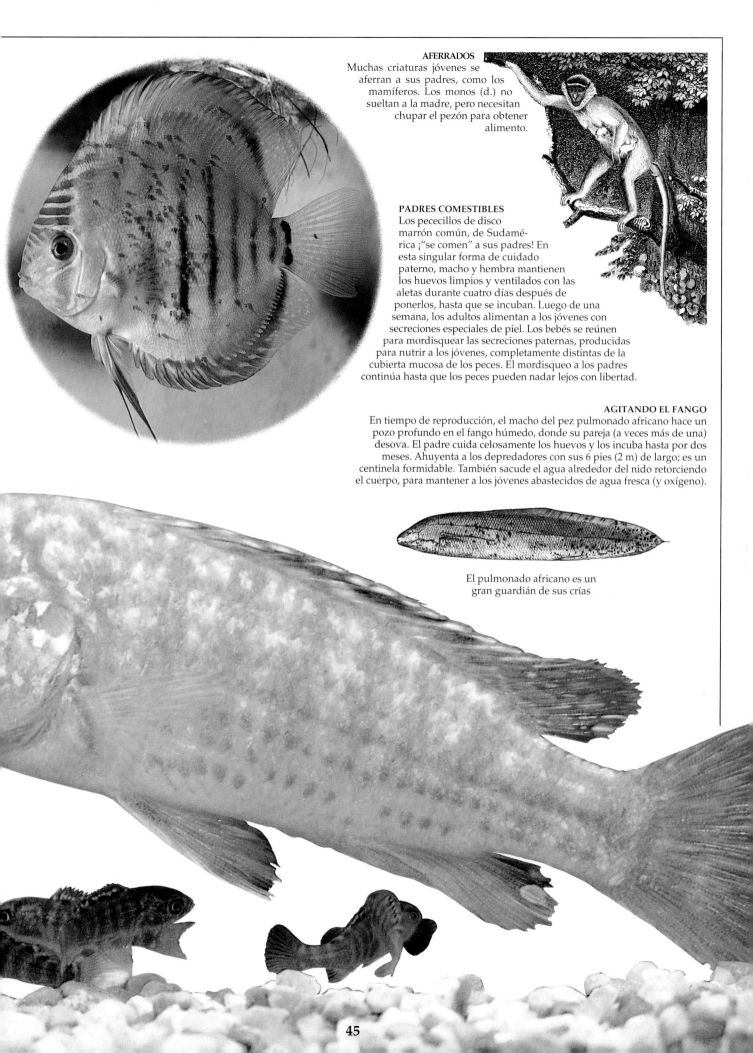

AFERRADOS

Muchas criaturas jóvenes se aferran a sus padres, como los mamíferos. Los monos (d.) no sueltan a la madre, pero necesitan chupar el pezón para obtener alimento.

PADRES COMESTIBLES

Los pececillos de disco marrón común, de Sudamérica ¡"se comen" a sus padres! En esta singular forma de cuidado paterno, macho y hembra mantienen los huevos limpios y ventilados con las aletas durante cuatro días después de ponerlos, hasta que se incuban. Luego de una semana, los adultos alimentan a los jóvenes con secreciones especiales de piel. Los bebés se reúnen para mordisquear las secreciones paternas, producidas para nutrir a los jóvenes, completamente distintas de la cubierta mucosa de los peces. El mordisqueo a los padres continúa hasta que los peces pueden nadar lejos con libertad.

AGITANDO EL FANGO

En tiempo de reproducción, el macho del pez pulmonado africano hace un pozo profundo en el fango húmedo, donde su pareja (a veces más de una) desova. El padre cuida celosamente los huevos y los incuba hasta por dos meses. Ahuyenta a los depredadores con sus 6 pies (2 m) de largo; es un centinela formidable. También sacude el agua alrededor del nido retorciendo el cuerpo, para mantener a los jóvenes abastecidos de agua fresca (y oxígeno).

El pulmonado africano es un gran guardián de sus crías

La vida en armonía

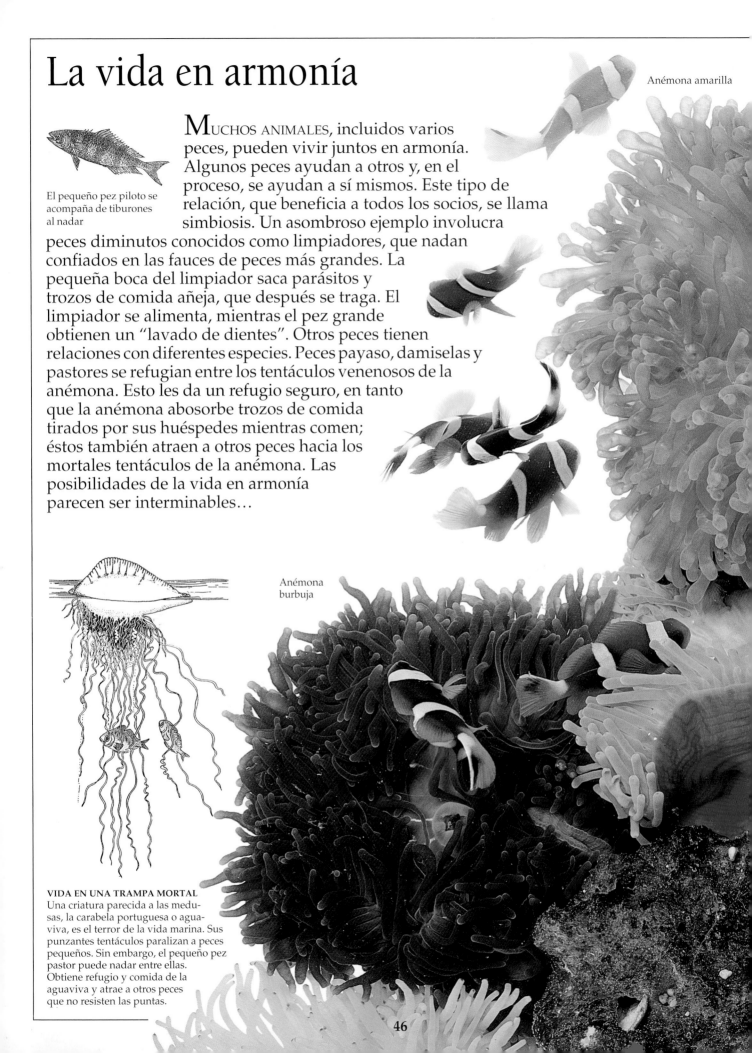

Anémona amarilla

El pequeño pez piloto se acompaña de tiburones al nadar

Muchos animales, incluidos varios peces, pueden vivir juntos en armonía. Algunos peces ayudan a otros y, en el proceso, se ayudan a sí mismos. Este tipo de relación, que beneficia a todos los socios, se llama simbiosis. Un asombroso ejemplo involucra peces diminutos conocidos como limpiadores, que nadan confiados en las fauces de peces más grandes. La pequeña boca del limpiador saca parásitos y trozos de comida añeja, que después se traga. El limpiador se alimenta, mientras el pez grande obtienen un "lavado de dientes". Otros peces tienen relaciones con diferentes especies. Peces payaso, damiselas y pastores se refugian entre los tentáculos venenosos de la anémona. Esto les da un refugio seguro, en tanto que la anémona abosorbe trozos de comida tirados por sus huéspedes mientras comen; éstos también atraen a otros peces hacia los mortales tentáculos de la anémona. Las posibilidades de la vida en armonía parecen ser interminables…

Anémona burbuja

VIDA EN UNA TRAMPA MORTAL
Una criatura parecida a las medusas, la carabela portuguesa o aguaviva, es el terror de la vida marina. Sus punzantes tentáculos paralizan a peces pequeños. Sin embargo, el pequeño pez pastor puede nadar entre ellas. Obtiene refugio y comida de la aguaviva y atrae a otros peces que no resisten las puntas.

Los peces payaso nunca se alejan de la protección de la anémona

SERVICIO DE LIMPIA

Una sociedad de mutuo beneficio involucra a peces llamados limpiadores, cierto tipo de lábridos, y a sus clientes. Los lábridos esperan, en una fase de limpieza habitual, a menudo a la misma hora cada día, a que lleguen individuos grandes que requieren servicio. El limpiador extrae fragmentos de comida y parásitos de la piel, aletas, branquias y boca, y aun de adentro de la garganta. Aquí, un pequeño limpiador atiende a un enorme mero de la Gran barrera de arrecifes australiana.

Anémona payaso

PAYASEANDO

En muchos arrecifes tropicales, los peces payaso se lanzan hacia los bosques de tentáculos. Sin embargo, los tentáculos pertenecen a una anémona marina y tienen aguijones venenosos que en segundos pueden paralizar a peces pequeños. Por años ha sido un misterio la sobrevivencia del pez payaso en su refugio mortal. Recientes investigaciones han mostrado que el pez payaso posee una versión especialmente gruesa de la mucosa corporal que tienen muchos otros peces. Y no sólo eso, además la mucosa no tiene la sustancia que estimula a la anémona a aguijonear. El pez payaso también puede embarrarse de la mucosa de la anémona, lo que le da aún mayor protección. No obstante, los peces payaso no pueden lanzarse hacia cualquier tipo de anémona. El veneno de un tipo diferente, como el de la anémona de fuego de abajo es demasiado fuerte, y puede terminar con la hermosa relación.

Anémona de fuego

Los peces payaso evitan esta anémona, aun ellos no son inmunes a su veneno

47

Serpientes marinas

LA TEMIDA MORENA
Las morenas crecen hasta 10 pies (3 m) de largo y viven en litorales cálidos de todo el mundo. Muchas tienen brillantes colores y se les llama "anguilas pintadas". Su formidable reputación las hace temidas por los buzos.

Limosas y con forma de gusano, las anguilas se parecen más a las serpientes que a los peces, y se deslizan en el agua igual que las serpientes reptan en la tierra. Han sido una importante fuente de alimento desde los remotos tiempos de la antigua Grecia y Roma, cuando se consideraba símbolo de salud poseer un estanque con morenas en cautiverio. Son peces alargados, en forma de tubo, que aparentan no tener escamas, no tienen aletas pélvicas ni espinas en las otras aletas. Hay cerca de 600 especies de anguilas verdaderas, que incluyen a las de agua fresca, congrios, morenas, anguilas garrocha y tragadoras. Otros grupos de peces tienen miembros similares a la anguila, como la anguila eléctrica de Sudamérica, más cercana a los peces cuchillo y los bagres. Quizás lo más intrigante acerca de las anguilas es su forma de reproducción, un misterio hasta principios del siglo XX (d.).

LA HISTORIA DE LA SERPIENTE
Por siglos, los marineros han contado relatos de grandes "serpientes marinas". Algunos avistamientos de estos monstruos deben haber sido de anguilas enormes. También es probable que se haya tratado del pez remero, que crece más de 20 pies (6 m).

Aleta pectoral

Abertura de branquias

Piel limosa y resbalosa

Fosa frontal

Aleta pectoral

Aleta dorsal amarilla de la anguila listón

ANGUILA PELÍCANO
La anguila tragadora vive en aguas profundas, atrapa a las presas con su enorme boca.

Anguila tragadora

APRETADO AJUSTE
La alegremente coloreada anguila listón es un tipo de morena. Como sus primas, acecha en grietas, esperando a que las presas pasen cerca. Cuando esto sucede, se aferra a la víctima, atacando a la cabeza como una serpiente y mordiendo con sus mandíbulas dentadas. La anguila listón se enrolla en las grietas para parecer más pequeña.

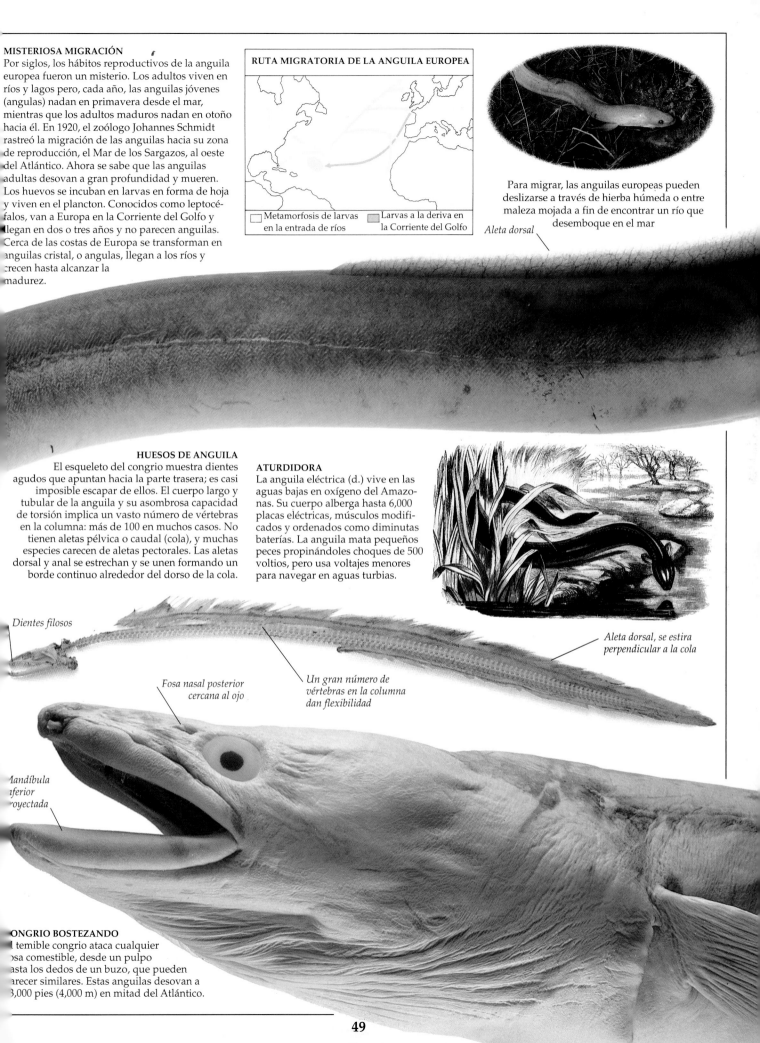

MISTERIOSA MIGRACIÓN

Por siglos, los hábitos reproductivos de la anguila europea fueron un misterio. Los adultos viven en ríos y lagos pero, cada año, las anguilas jóvenes (angulas) nadan en primavera desde el mar, mientras que los adultos maduros nadan en otoño hacia él. En 1920, el zoólogo Johannes Schmidt rastreó la migración de las anguilas hacia su zona de reproducción, el Mar de los Sargazos, al oeste del Atlántico. Ahora se sabe que las anguilas adultas desovan a gran profundidad y mueren. Los huevos se incuban en larvas en forma de hoja y viven en el plancton. Conocidos como leptocéfalos, van a Europa en la Corriente del Golfo y llegan en dos o tres años y no parecen anguilas. Cerca de las costas de Europa se transforman en anguilas cristal, o angulas, llegan a los ríos y crecen hasta alcanzar la madurez.

RUTA MIGRATORIA DE LA ANGUILA EUROPEA

☐ Metamorfosis de larvas en la entrada de ríos
▨ Larvas a la deriva en la Corriente del Golfo

Para migrar, las anguilas europeas pueden deslizarse a través de hierba húmeda o entre maleza mojada a fin de encontrar un río que desemboque en el mar

Aleta dorsal

HUESOS DE ANGUILA

El esqueleto del congrio muestra dientes agudos que apuntan hacia la parte trasera; es casi imposible escapar de ellos. El cuerpo largo y tubular de la anguila y su asombrosa capacidad de torsión implica un vasto número de vértebras en la columna: más de 100 en muchos casos. No tienen aletas pélvica o caudal (cola), y muchas especies carecen de aletas pectorales. Las aletas dorsal y anal se estrechan y se unen formando un borde continuo alrededor del dorso de la cola.

ATURDIDORA

La anguila eléctrica (d.) vive en las aguas bajas en oxígeno del Amazonas. Su cuerpo alberga hasta 6,000 placas eléctricas, músculos modificados y ordenados como diminutas baterías. La anguila mata pequeños peces propinándoles choques de 500 voltios, pero usa voltajes menores para navegar en aguas turbias.

Dientes filosos

Aleta dorsal, se estira perpendicular a la cola

Fosa nasal posterior cercana al ojo

Un gran número de vértebras en la columna dan flexibilidad

Mandíbula inferior proyectada

CONGRIO BOSTEZANDO

El temible congrio ataca cualquier cosa comestible, desde un pulpo hasta los dedos de un buzo, que pueden parecer similares. Estas anguilas desovan a 3,000 pies (4,000 m) en mitad del Atlántico.

Escondites

EL "PAISAJE" del mundo submarino varía tal como en la tierra, desplegando desde frescos jardines verdes de plantas marinas, hasta los deslumbrantes corales de los arrecifes tropicales, así como desiertos arenosos o riscos rocosos y puntiagudos. Como las conocidas cavernas, troncos de árboles y el suelo suave que vemos en tierra, cada uno de estos hábitats acuáticos ofrece la posibilidad de un escondite, útil para depredadores y presas. La mayoría de las presas, como el lábrido, debe alimentarse en descubierto; pero a la menor señal sale disparado para huir del peligro, enterrándose en la arena suelta o el fango, o nadando a las hendiduras de las rocas. Cazadores, como la morena (p. 48), y el gobio de ribera acechan entre grietas y cuevas en busca de víctimas.

Manchas oculares que intimidan a depredadores, dando la impresión de una gran "cara"

Lábrido buscando una zona de arena suelta para esconderse

1 ¡EMERGENCIA!
Si el doblemancha detecta un sonido amenazador, un olor inquietante o a un posible depredador, de inmediato inclina la cabeza y, mientras se sumerge, busca un área abierta en la grava para refugiarse.

A SALVO EN LA ARENA
El lábrido doblemancha, de arrecifes tropicales, luce dos grandes manchas oculares en la aleta dorsal. Si la "cara" enorme no asusta al depredador, deberá sumergirse en la arena o grava entre los corales y desaparecer en pocos segundos. Sin embargo, si detecta que el "peligro" resulta ser inofensivo, el pez puede detener poco a poco su reacción. Esta conducta de "disipación" es conocida como habituamiento. Supón que una roca se incrusta en un barranco y se estrella una y otra vez por efecto de las olas. Al principio, el lábrido responderá al fuerte ruido, enterrándose cada vez. Si no aparece peligro, llegará a ignorar gradualmente el ruido. Lo cual es lo mejor, pues la roca podría estar golpeando durante meses.

2 PROBANDO EL LECHO
Cuando el pez alcanza el lecho marino, vira hacia una posición horizontal, empujando su sensible nariz y el pecho en la gravilla. Si es sólo una capa poco profunda en la roca sólida, entonces no podrá ser usada para esconderse; entre más pronto lo descubra, mejor. ¡Si se retrasa, podría significar su muerte!

Cuerpo de lábrido en posición horizontal arrojando gravilla

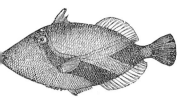

ARCHIVO CERRADO

La primera espina de la aleta dorsal del pez archivo tiene muchos dientes aserrados y diminutos, que se ven como la versión en miniatura de una lima (herramienta usada para pulir superficies). Aunque su nombre viene de las diminutas espinas en sus escamas, que también le dan una textura burda. Cuando está en problemas, puede nadar a una grieta y trabar su espina hacia arriba, como hace su pariente el pez ballesta (p. 31). Así, permanece apretado y es casi imposible extraerlo.

JARDÍN EN DESAPARICIÓN

Las anguilas de jardín viven en grupos grandes, en aguas cálidas y poco profundas (las del Caribe). Cada anguila tiene su propia madriguera, separada de las de sus vecinos. Con la parte trasera "sembrada" en el lecho marino, puede asir plantas flotantes y animales que pasan. Tiene diminutas aletas, pero se contonea hacia atrás y adelante con asombrosa velocidad. Las anguilas de jardín se llaman así por su parecido con un cuidado jardín, que ondea suavemente al "viento" de las corrientes acuáticas. Cuando se las molesta, se deslizan dentro de sus madrigueras y el "jardín" desaparece.

Grava suelta lanzada hacia arriba por el lábrido

3 ENTERRADO

Al lanzar su cuerpo en curvas en forma de S, enterrándose en diagonal, el doblemancha "nada" de cabeza entre la grava suelta y las piedras. Sus aletas y cola arrojan la grava hacia arriba, fuera de su camino.

Cuerpo curveado en forma de S, para enterrarse eficientemente

EMBOTELLADO

Este gobio, un pez común de la costa, se ha refugiado en el cuello de una botella. Al principio, los peces tratan los objetos hechos por el hombre con suspicacia, pero pronto averiguan su valor alimenticio. Ya que plantas y criaturas encostran la botella, su superficie se opaca y se convierte en una "cueva" que usan los peces pequeños para esconderse de los grandes, o los cazadores que acechan presas.

4 FUERA DE LA VISTA, FUERA DE PELIGRO

En pocos segundos, el pez se instala en la capa superficial de piedras, y la lluvia de grava que cae le da más abrigo. El doblemancha permanece aquí hasta que las cosas vuelven a la normalidad. De hecho, muchas especies de lábridos, especialmente los cercanos a las islas de coral del Pacífico, se entierran en la grava cada noche y "duermen" ahí. Otros yacen en sus costados en cuevas y grietas. Mientras el lábrido descansa, llega el "turno de la noche" para alimentarse y cazar en los arrecifes.

Parte del cuerpo del lábrido es visible en esta fotografía (¡pero no para sus depredadores!)

Vida en movimiento

MUCHAS CLASES DE PECES NADAN en grupos numerosos llamados cardúmenes o bancos, o en grupos más escasos, llamados conglomerados. A menudo, el cardumen tiene relación con la alimentación de plancton, como en los arenques, peces que se siguen mutuamente en busca de aguas abundantes en alimento. Algunas especies se reúnen en época de reproducción. Obtener protección "numérica" es otra razón para nadar en cardúmenes, especialmente cuando se trata de peces jóvenes y especies pequeñas. Así, un depredador queda perplejo por el número y la actividad abrumadores, siendo incapaz de seleccionar a una presa. Los peces pequeños obtienen protección moviéndose juntos y aparentando ser una sola criatura más grande. ¿Cómo se logra tal armonía? La apariencia es importante, pues muchas especies tienen manchas y franjas distintivas. La vibración detectada por la línea lateral (p. 7) proporciona información de los movimientos de los miembros del cardumen.

ESPERADOS CON REDES
Los grandes cardúmenes de atún están menguando, principalmente por la sobrepesca. La rutina anual de entrar en el mar Mediterráneo a principios del verano, los hacen una presa predecible.

Dorso oscuro para contrasombra (p. 18)

El revestimiento lateral que corre a lo largo detecta movimientos de los miembros del cardumen

EL CARDUMEN COMO UN TODO
La breca común de Europa (dardo o saeta) suele nadar en cardúmenes cuando es joven. Los peces en el cardumen evolucionan y dan giros en formación, como si una sola mente concertara sus movimientos. En verano nadan bajo la superficie, al abrigo de la sombra de un árbol, y salen para atrapar insectos. La breca vive en ríos arenosos, claros y turbulentos. Un adulto alcanza las 10 pulg (25 cm).

Sus rápidas escabullidas le valen el nombre de saeta

El arenque del Atlántico, crece hasta 16 pulg (40 cm) de largo

FÁCIL DE ATRAPAR
La caída en la pesca del arenque durante la década de 1950 da un ejemplo claro de sobrepesca. Estos peces se reúnen en vasto número, por lo que son fáciles de caer en las redes. En tiempos pasados, la pesca con veleros (ar.) se mantenía relativamente constante; pero con los botes modernos, los radares y las redes gigantes es más fácil.

ESLABÓN EN LA CADENA ALIMENTARIA
Un inmenso grupo de arenques del Pacífico se mueve en las aguas claras de Baja California, cerca de la costa mexicana. Tal densidad conviene a la pesca con redes y barrederas. El arenque es un eslabón vital en la cadena alimentaria marina, pues es presa de muchos peces grandes y aves marinas.

DIFÍCIL DECISIÓN

Las rabirrubias del Atlántico occidental cazan pequeños peces y crustáceos en rocas y arrecifes. Éste trata de alimentarse en un cardumen de peces parecidos al arenque. El cardumen se lanza adelante y atrás con rapidez. El rabirrubio puede quedar tan confundido que, a pesar del número de deliciosos bocados, terminará siendo incapaz de distinguir un arenque para atraparlo.

El cardumen evoluciona en aparente confusión cuando cambia de dirección

Los ojos pueden ver arriba y abajo

Lado inferior blanco

Lado plateado

Peces venenosos

Llamado así por sus ojos orientados hacia el cielo, las espinas venenosas del miracielo pintado están sobre sus aletas pectorales

Cola delgada como un látigo

M ÁS DE 50 TIPOS de peces venenosos nadan en aguas de todo el mundo. Cada día hay gente que resulta intoxicada por el veneno, también llamado ponzoña o toxina, de pastinaca, pejearaña, pez piedra y otras especies. Pero estos peces no desarrollan su veneno para amenazar a los humanos. Lo usan principalmente como defensa para dañar a depredadores grandes, como peces planos y rayas. Los efectos del veneno en humanos incluyen entumecimiento, parálisis, dificultad para respirar, hemorragias incontrolables y envenenamiento de la sangre.

Cola con delicado estampado

Tres espinas anales venenosas

Aguijón, una "daga" de hueso en la cola

¿Cena o muere?

Algunos peces tienen carne que, cuando se come, resulta venenosa para los humanos. Cierto tipo de peces globo es especialmente tóxico. Pero el veneno, tetrodotoxina, está limitado a ciertas partes del pez. La carne (músculos) por sí misma es relativamente segura y sabrosa. En Japón, el pez globo es servido en restaurantes como el manjar *fugu*, y cocineros especialmente entrenados lo preparan y lo cocinan. Pero a pesar de las medidas de seguridad, hay envenenamientos y hasta muertes por el *fugu* preparado incorrectamente.

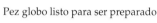

Pez globo listo para ser preparado

AGUIJÓN DE RAYA
El veneno está en el tejido blanco brillante a lo largo de dos ranuras en la parte inferior de la espina. En la especie europea, ésta mide unas 5 pulg (12 cm). Muchas especies tropicales pueden medir 16 pulg (40 cm).

AGUIJÓN EN LA COLA
Más de 100 especies de pastinacas acechan en las aguas costeras de todo el mundo. Algunas crecen hasta una "envergadura" de más de 10 pies (3 m) y un peso de más de 661 libras (300 kg). Les gusta esconderse en el fondo arenoso, o deslizarse lentamente en busca de peces y moluscos para romperlos y masticarlos con sus hileras de dientes sin filo. Cuando está en problemas usa su aguijón, un hueso cercano a la base de la cola o una "daga" en forma de espina, tan dura como el hierro. Algunas pastinacas tienen dos o hasta tres aguijones. La cola delgada en forma de látigo es de poco uso al nadar, pero es excelente como arma punzante. Cuando es amenazada, la raya azota la cola de un lado a otro, blandiéndola ante el enemigo y acuchillándolo. Aparte del veneno, el filo del aguijón, de puntas aserradas, puede causar heridas graves. El veneno actúa rápido en humanos: provoca dolor e hinchazón y afecta el sistema nervioso, hasta causar problemas respiratorios y circulatorios. En casos críticos sigue la muerte.

Pez globo en trozos, listo para prepararse. Se requiere ojo analítico para identificar los órganos ponzoñosos

Cena de *fugu*: felicitaciones al cocinero, ¡sí usted aún está vivo!

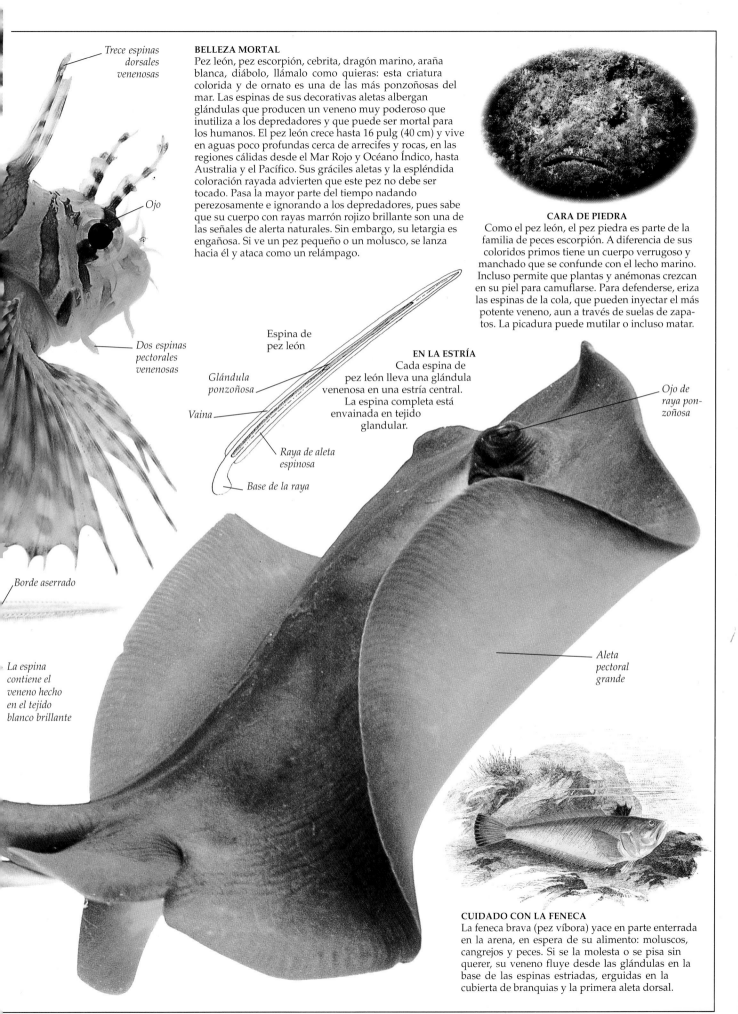

Trece espinas
dorsales
venenosas

BELLEZA MORTAL
Pez león, pez escorpión, cebrita, dragón marino, araña
blanca, diábolo, llámalo como quieras: esta criatura
colorida y de ornato es una de las más ponzoñosas del
mar. Las espinas de sus decorativas aletas albergan
glándulas que producen un veneno muy poderoso que
inutiliza a los depredadores y que puede ser mortal para
los humanos. El pez león crece hasta 16 pulg (40 cm) y vive
en aguas poco profundas cerca de arrecifes y rocas, en las
regiones cálidas desde el Mar Rojo y Océano Índico, hasta
Australia y el Pacífico. Sus gráciles aletas y la espléndida
coloración rayada advierten que este pez no debe ser
tocado. Pasa la mayor parte del tiempo nadando
perezosamente e ignorando a los depredadores, pues sabe
que su cuerpo con rayas marrón rojizo brillante son una de
las señales de alerta naturales. Sin embargo, su letargia es
engañosa. Si ve un pez pequeño o un molusco, se lanza
hacia él y ataca como un relámpago.

Ojo

Dos espinas
pectorales
venenosas

Espina de
pez león

Glándula
ponzoñosa

Vaina

Raya de aleta
espinosa

Base de la raya

CARA DE PIEDRA
Como el pez león, el pez piedra es parte de la
familia de peces escorpión. A diferencia de sus
coloridos primos tiene un cuerpo verrugoso y
manchado que se confunde con el lecho marino.
Incluso permite que plantas y anémonas crezcan
en su piel para camuflarse. Para defenderse, eriza
las espinas de la cola, que pueden inyectar el más
potente veneno, aun a través de suelas de zapa-
tos. La picadura puede mutilar o incluso matar.

EN LA ESTRÍA
Cada espina de
pez león lleva una glándula
venenosa en una estría central.
La espina completa está
envainada en tejido
glandular.

Ojo de
raya pon-
zoñosa

Aleta
pectoral
grande

Borde aserrado

La espina
contiene el
veneno hecho
en el tejido
blanco brillante

CUIDADO CON LA FENECA
La feneca brava (pez víbora) yace en parte enterrada
en la arena, en espera de su alimento: moluscos,
cangrejos y peces. Si se la molesta o se pisa sin
querer, su veneno fluye desde las glándulas en la
base de las espinas estriadas, erguidas en la
cubierta de branquias y la primera aleta dorsal.

Todo sobre las rayas

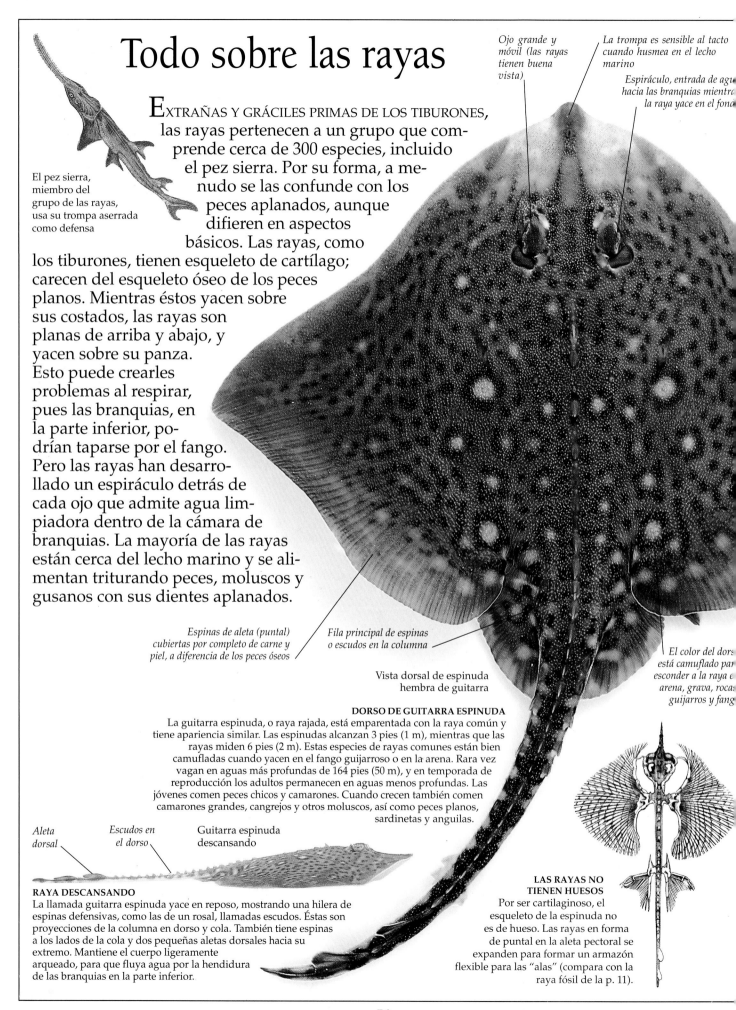

El pez sierra, miembro del grupo de las rayas, usa su trompa aserrada como defensa

Eₓtrañas y gráciles primas de los tiburones, las rayas pertenecen a un grupo que comprende cerca de 300 especies, incluido el pez sierra. Por su forma, a menudo se las confunde con los peces aplanados, aunque difieren en aspectos básicos. Las rayas, como los tiburones, tienen esqueleto de cartílago; carecen del esqueleto óseo de los peces planos. Mientras éstos yacen sobre sus costados, las rayas son planas de arriba y abajo, y yacen sobre su panza. Esto puede crearles problemas al respirar, pues las branquias, en la parte inferior, podrían taparse por el fango. Pero las rayas han desarrollado un espiráculo detrás de cada ojo que admite agua limpiadora dentro de la cámara de branquias. La mayoría de las rayas están cerca del lecho marino y se alimentan triturando peces, moluscos y gusanos con sus dientes aplanados.

Ojo grande y móvil (las rayas tienen buena vista)

La trompa es sensible al tacto cuando husmea en el lecho marino

Espiráculo, entrada de agua hacia las branquias mientras la raya yace en el fondo

Espinas de aleta (puntal) cubiertas por completo de carne y piel, a diferencia de los peces óseos

Fila principal de espinas o escudos en la columna

El color del dorso está camuflado para esconder a la raya entre arena, grava, rocas, guijarros y fango

Vista dorsal de espinuda hembra de guitarra

DORSO DE GUITARRA ESPINUDA
La guitarra espinuda, o raya rajada, está emparentada con la raya común y tiene apariencia similar. Las espinudas alcanzan 3 pies (1 m), mientras que las rayas miden 6 pies (2 m). Estas especies de rayas comunes están bien camufladas cuando yacen en el fango guijarroso o en la arena. Rara vez vagan en aguas más profundas de 164 pies (50 m), y en temporada de reproducción los adultos permanecen en aguas menos profundas. Las jóvenes comen peces chicos y camarones. Cuando crecen también comen camarones grandes, cangrejos y otros moluscos, así como peces planos, sardinetas y anguilas.

Aleta dorsal

Escudos en el dorso

Guitarra espinuda descansando

RAYA DESCANSANDO
La llamada guitarra espinuda yace en reposo, mostrando una hilera de espinas defensivas, como las de un rosal, llamadas escudos. Éstas son proyecciones de la columna en dorso y cola. También tiene espinas a los lados de la cola y dos pequeñas aletas dorsales hacia su extremo. Mantiene el cuerpo ligeramente arqueado, para que fluya agua por la hendidura de las branquias en la parte inferior.

LAS RAYAS NO TIENEN HUESOS
Por ser cartilaginoso, el esqueleto de la espinuda no es de hueso. Las rayas en forma de puntal en la aleta pectoral se expanden para formar un armazón flexible para las "alas" (compara con la raya fósil de la p. 11).

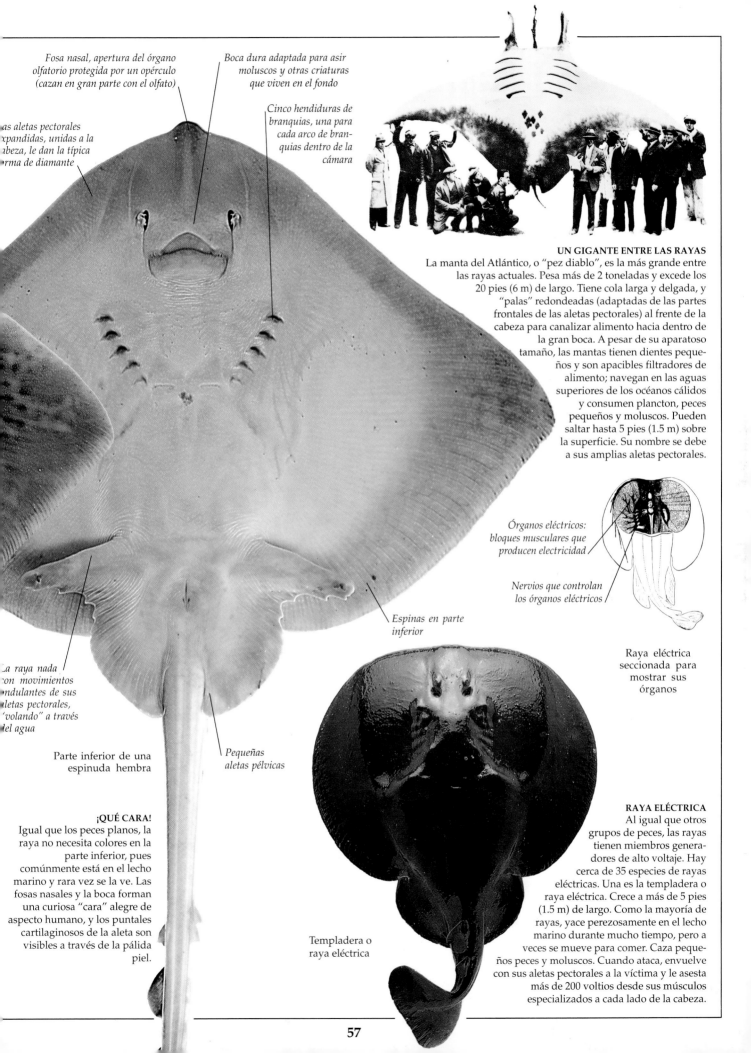

Fosa nasal, apertura del órgano olfatorio protegida por un opérculo (cazan en gran parte con el olfato)

Boca dura adaptada para asir moluscos y otras criaturas que viven en el fondo

Cinco hendiduras de branquias, una para cada arco de branquias dentro de la cámara

as aletas pectorales xpandidas, unidas a la abeza, le dan la típica rma de diamante

UN GIGANTE ENTRE LAS RAYAS

La manta del Atlántico, o "pez diablo", es la más grande entre las rayas actuales. Pesa más de 2 toneladas y excede los 20 pies (6 m) de largo. Tiene cola larga y delgada, y "palas" redondeadas (adaptadas de las partes frontales de las aletas pectorales) al frente de la cabeza para canalizar alimento hacia dentro de la gran boca. A pesar de su aparatoso tamaño, las mantas tienen dientes pequeños y son apacibles filtradores de alimento; navegan en las aguas superiores de los océanos cálidos y consumen plancton, peces pequeños y moluscos. Pueden saltar hasta 5 pies (1.5 m) sobre la superficie. Su nombre se debe a sus amplias aletas pectorales.

Órganos eléctricos: bloques musculares que producen electricidad

Nervios que controlan los órganos eléctricos

Raya eléctrica seccionada para mostrar sus órganos

Espinas en parte inferior

La raya nada on movimientos ndulantes de sus letas pectorales, "volando" a través del agua

Parte inferior de una espinuda hembra

Pequeñas aletas pélvicas

¡QUÉ CARA!

Igual que los peces planos, la raya no necesita colores en la parte inferior, pues comúnmente está en el lecho marino y rara vez se la ve. Las fosas nasales y la boca forman una curiosa "cara" alegre de aspecto humano, y los puntales cartilaginosos de la aleta son visibles a través de la pálida piel.

Templadera o raya eléctrica

RAYA ELÉCTRICA

Al igual que otros grupos de peces, las rayas tienen miembros generadores de alto voltaje. Hay cerca de 35 especies de rayas eléctricas. Una es la templadera o raya eléctrica. Crece a más de 5 pies (1.5 m) de largo. Como la mayoría de rayas, yace perezosamente en el lecho marino durante mucho tiempo, pero a veces se mueve para comer. Caza pequeños peces y moluscos. Cuando ataca, envuelve con sus aletas pectorales a la víctima y le asesta más de 200 voltios desde sus músculos especializados a cada lado de la cabeza.

Grandes guerreros del mar

Cara a cara con un temible enemigo: la peligrosa punta de un tiburón azul muestra una boca repleta de dientes

Fosa nasal para cazar con el olfato

Azotador con morro corto y sin filo

Ojos grandes para cazar con su ayuda (trillador, con mejor vista que otros tiburones)

Dientes triangulares pequeños para asir presas

UNA ALETA triangular que rasga la superficie de un mar apacible infunde terror en los bañistas. Debajo de la aleta se encuentra una criatura que podemos odiar o amar, un pez al que su amenaza depredadora y dominio del mar lo han vuelto tristemente célebre: el tiburón. Muchos de ellos son eficaces y poderosas máquinas de matar. Detectan probables presas con finos sentidos de alcance visual, olfato y órganos que captan electricidad alrededor de la nariz; atacan con súbita velocidad y muerden con su poder rompehuesos. Pero no todos son feroces, lisos y aerodinámicos. Los tiburones alfombra jaspeado o tapicero ornamentado, del Pacífico y Australia, son lentos y rara vez atacan a la gente sin provocación previa. Se alimentan de moluscos que viven en el fondo. Su cuerpo, redondo y plano, está jaspeado de amarillo, anaranjado y marrón, lo cual los ayudan a camuflarse mientras yacen entre rocas y plantas del lecho marino.

EL CAZADOR PRIMITIVO

Los tiburones son llamados con frecuencia criaturas "primitivas". Esto significa que aparecieron al principio de la evolución de los peces, y han sobrevivido casi sin cambios, al menos externos, por millones de años. Sin embargo, "primitivo" no implica que los tiburones sean anticuados. Su diseño fue muy exitoso desde que apareció por primera vez, y sólo ha sufrido cambios leves. Un primer tipo de tiburón fue el *Cladoselache*, de 6 pies (2 m), que aterrorizó los mares hace 350 millones de años. El tiburón anguila, un "fósil viviente", parece haberse "quedado" en una etapa temprana de la evolución del tiburón. Aparenta una especie del tiempo del *Cladoselache* más que un tiburón moderno.

Cortes de branquias separadas y no cubiertas por el opérculo

TRILLADOR AZOTANDO

La notable cola del azotador (tan larga que se extiende hasta la p. 61) le ha ganado varios nombres comunes: tiburón zorro, coludo, trillador, pinto y cola de balancín. La cola es usada como "trilladora". El tiburón ronda los cardúmenes de macarelas, sardinas o arenques y los arrastra para formar un grupo compacto agitando el agua con su cola. Después ataca al cardumen con la boca abierta, y muerde a las atontadas víctimas. Algunas personas insisten en que el azotador puede aturdir a un pez con un golpe de cola, y mandarlo a su boca para ir luego por el siguiente. Un espécimen capturado tenía en el estómago 25 macarelas, por lo que es un gran devorador. Esta especie vive en costas de aguas más cálidas del Atlántico y Pacífico oriental, aunque en verano vaga en aguas más frías del norte de Europa, Nueva Inglaterra y Estados Unidos. El azotador crece hasta 20 pies (6 m), pero sólo pesa 992 libras (450 kg), pues su alargada cola representa la mitad de la longitud total.

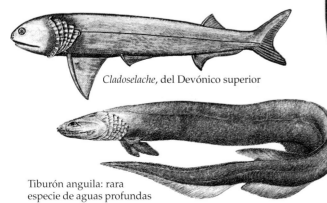

Cladoselache, del Devónico superior

Tiburón anguila: rara especie de aguas profundas

HISTORIA INTERNA
Los tiburones son peces cartilaginosos, lo que significa que tienen el esqueleto interno hecho de cartílago. Sin embargo, el cartílago no es suave ni gomoso, sino extremadamente duro, como lo muestra la poderosa mordida de tiburón (p. 61). Este esqueleto de tiburón gato muestra la parte posterior de la espina curvada hacia arriba en el lóbulo superior de la cola heterocercal (p. 30). Los pterigopodios en la aleta pélvica muestran a un macho: la hembra no los tiene.

La piel tiene cicatrices de encuentros de caza anteriores

Aleta dorsal triangular típica

Parte superior gris oscura

CABEZA DE MARTILLO
Varias teorías tratan de explicar la cabeza en forma de martillo de este tiburón. La gran distancia entre los ojos y las fosas nasales quizá permitan que el tiburón detecte la dirección de su presa con precisión. Tal vez la cabeza plana sirva como ala mientras nada, para dar mayor elevación al frente del cuerpo. Cualquiera que sea la razón, el martillo es experto en atrapar las pastinacas de que se alimenta.

Segunda aleta dorsal pequeña

ESTRELLA
Jaws era un gran tiburón blanco devorador de hombres (p. 61). Creció hasta 30 pies (9 m), pero no es el gigante sugerido por la publicidad.

Parte baja blanca (ver contrasombras, p. 18)

Aleta pectoral en forma de hoz

Aletas pélvicas chicas

CUMPLEAÑOS DEL TIBURÓN
Algunas madres tiburón ponen huevos (ovíparos, p. 42). Otras conservan sus huevos dentro, mientras los jóvenes se desarrollan y alimentan de sus sacos de vitelo (ovovivíparos). Algunos tiburones jóvenes retienen el saco de yema después de nacer. Otros alimentan a sus jóvenes directamente de su sangre, y dan a luz crías totalmente formadas (vivíparos).

Continúa en la siguiente página

Armas del guerrero

La palabra "tiburón" parece inevitablemente ligada a "dientes". Es cierto que están bien provistos de ellos y, de hecho, jamás dejan de crecerles nuevos. En la mayoría de las especies son triangulares, de puntas agudas y afiladas, y bordes aserrados –claro signo de un cazador. Si la presa es demasiado grande para tragarla de un golpe, el tiburón oprime sus dientes en la víctima y sacude su cabeza a ambos lados, "aserrando" un trozo del tamaño de su boca.

EL TIGRE COME LEONES

La boca bien abierta del tiburón tigre muestra líneas de dientes afilados como navajas en ambas mandíbulas. Esta especie crece hasta 20 pies (6 m) y pesa tanto como 15 a 20 adultos humanos. Cuando ataca, sacude sus fauces, su morro gira hacia arriba y a los lados, mientras que sus ojos ruedan hacia dentro de las cuencas; todo contribuye a partir en dos a su presa. El tiburón tigre come de todo, desde leones de mar hasta calamares, tortugas e incluso otros tiburones.

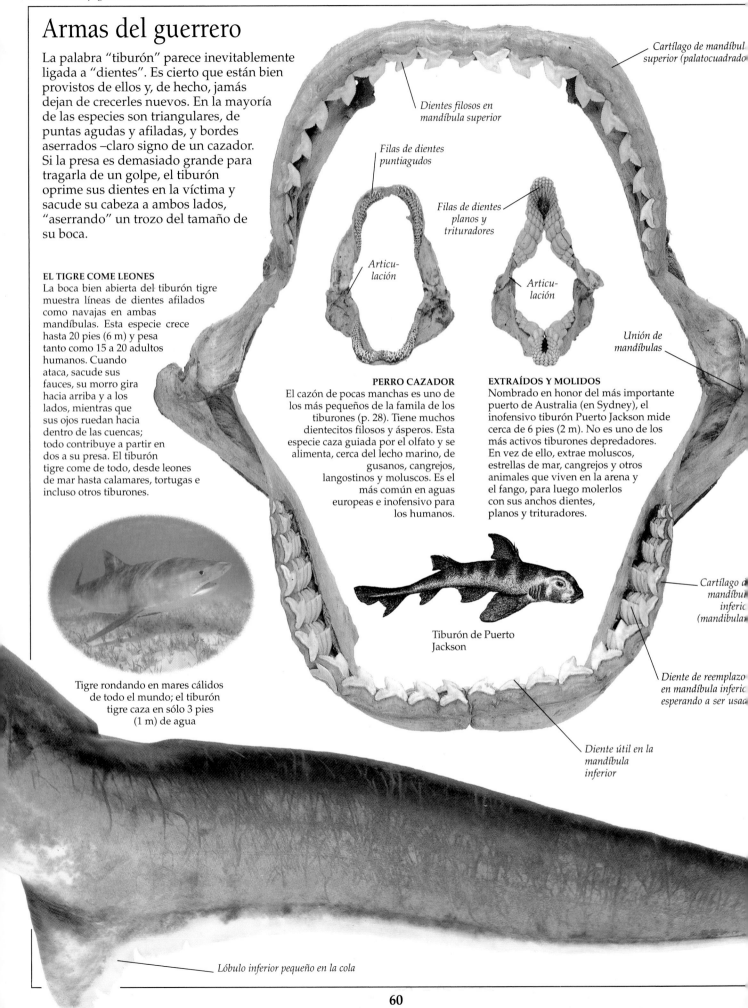

Tigre rondando en mares cálidos de todo el mundo; el tiburón tigre caza en sólo 3 pies (1 m) de agua

PERRO CAZADOR

El cazón de pocas manchas es uno de los más pequeños de la famila de los tiburones (p. 28). Tiene muchos dientecitos filosos y ásperos. Esta especie caza guiada por el olfato y se alimenta, cerca del lecho marino, de gusanos, cangrejos, langostinos y moluscos. Es el más común en aguas europeas e inofensivo para los humanos.

EXTRAÍDOS Y MOLIDOS

Nombrado en honor del más importante puerto de Australia (en Sydney), el inofensivo tiburón Puerto Jackson mide cerca de 6 pies (2 m). No es uno de los más activos tiburones depredadores. En vez de ello, extrae moluscos, estrellas de mar, cangrejos y otros animales que viven en la arena y el fango, para luego molerlos con sus anchos dientes, planos y trituradores.

Tiburón de Puerto Jackson

Cartílago de mandíbul superior (palatocuadrado

Dientes filosos en mandíbula superior

Filas de dientes puntiagudos

Filas de dientes planos y trituradores

Articu- lación

Articu- lación

Unión de mandíbulas

Cartílago d mandíbu inferic (mandíbula

Diente de reemplazo en mandíbula inferic esperando a ser usad

Diente útil en la mandíbula inferior

Lóbulo inferior pequeño en la cola

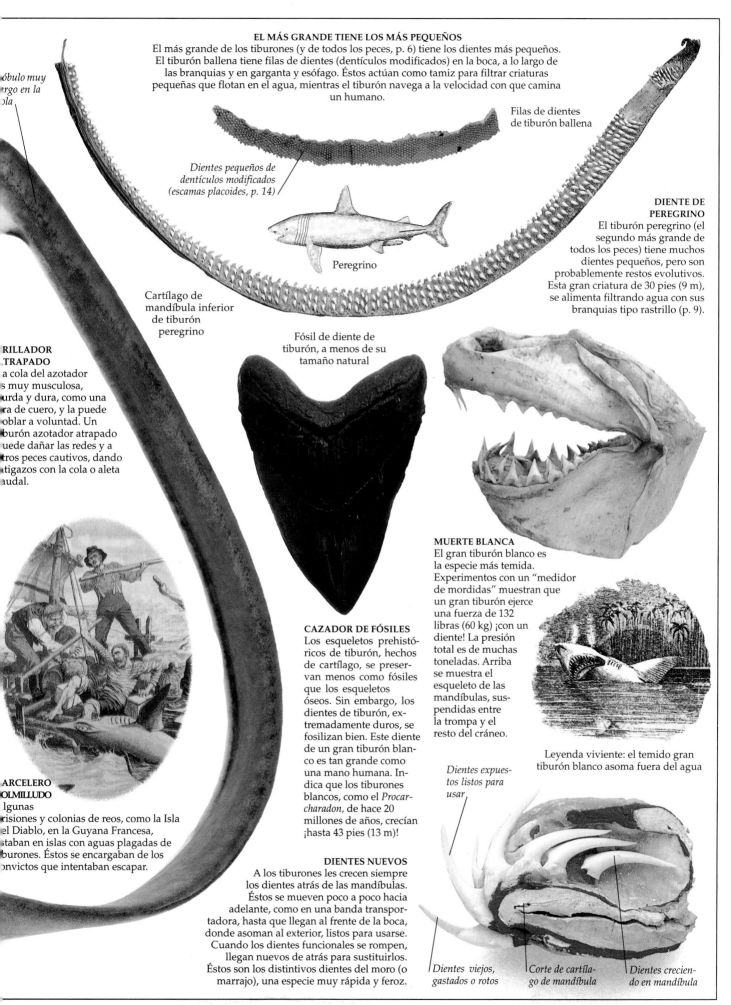

EL MÁS GRANDE TIENE LOS MÁS PEQUEÑOS

El más grande de los tiburones (y de todos los peces, p. 6) tiene los dientes más pequeños. El tiburón ballena tiene filas de dientes (dentículos modificados) en la boca, a lo largo de las branquias y en garganta y esófago. Éstos actúan como tamiz para filtrar criaturas pequeñas que flotan en el agua, mientras el tiburón navega a la velocidad con que camina un humano.

Filas de dientes de tiburón ballena

Dientes pequeños de dentículos modificados (escamas placoides, p. 14)

Peregrino

DIENTE DE PEREGRINO

El tiburón peregrino (el segundo más grande de todos los peces) tiene muchos dientes pequeños, pero son probablemente restos evolutivos. Esta gran criatura de 30 pies (9 m), se alimenta filtrando agua con sus branquias tipo rastrillo (p. 9).

Cartílago de mandíbula inferior de tiburón peregrino

Fósil de diente de tiburón, a menos de su tamaño natural

RILLADOR TRAPADO

a cola del azotador s muy musculosa, urda y dura, como una ra de cuero, y la puede oblar a voluntad. Un burón azotador atrapado uede dañar las redes y a tros peces cautivos, dando tigazos con la cola o aleta audal.

ARCELERO OLMILLUDO

lgunas risiones y colonias de reos, como la Isla el Diablo, en la Guyana Francesa, staban en islas con aguas plagadas de burones. Éstos se encargaban de los onvictos que intentaban escapar.

CAZADOR DE FÓSILES

Los esqueletos prehistóricos de tiburón, hechos de cartílago, se preservan menos como fósiles que los esqueletos óseos. Sin embargo, los dientes de tiburón, extremadamente duros, se fosilizan bien. Este diente de un gran tiburón blanco es tan grande como una mano humana. Indica que los tiburones blancos, como el *Procarcharadon*, de hace 20 millones de años, crecían ¡hasta 43 pies (13 m)!

MUERTE BLANCA

El gran tiburón blanco es la especie más temida. Experimentos con un "medidor de mordidas" muestran que un gran tiburón ejerce una fuerza de 132 libras (60 kg) ¡con un diente! La presión total es de muchas toneladas. Arriba se muestra el esqueleto de las mandíbulas, suspendidas entre la trompa y el resto del cráneo.

Leyenda viviente: el temido gran tiburón blanco asoma fuera del agua

Dientes expuestos listos para usar

DIENTES NUEVOS

A los tiburones les crecen siempre los dientes atrás de las mandíbulas. Éstos se mueven poco a poco hacia adelante, como en una banda transportadora, hasta que llegan al frente de la boca, donde asoman al exterior, listos para usarse. Cuando los dientes funcionales se rompen, llegan nuevos de atrás para sustituirlos. Éstos son los distintivos dientes del moro (o marrajo), una especie muy rápida y feroz.

Dientes viejos, gastados o rotos

Corte de cartílago de mandíbula

Dientes creciendo en mandíbula

ólobulo muy rgo en la ola

Los estudios…

En LABORATORIOS y estaciones científicas de todo el mundo, desde el Ártico congelado hasta los calientes trópicos, los científicos estudian a los peces. Muchos son ictiólogos, o especialistas en peces (del griego *ictios*, pez). Es más que simple curiosidad. Mucha gente en el mundo vive de los peces, especialmente por las proteínas que aportan a su dieta. La población de peces está siendo constantemente monitoreada para evaluar si las especies sobrexplotadas están recuperándose en número, e identificar nuevas reservas que podrían terminar en redes de arrastre. La mayoría de los peces son sensibles a cantidades pequeñas de químicos extraños en el agua, y su enfermedad o desaparición de ríos, lagos y mares, es signo de contaminación. Aguas sanas implican peces sanos: ellos tienen el doble de agua para nadar que nosotros tierra para caminar. En última instancia, reflejan la salud del planeta.

PECES DE DARWIN

Durante su viaje alrededor del mundo en el Beagle, en 1830, el eminente naturalista, Charles Darwin, recogió y estudió muchas especies de peces. Un róbalo de Chile se muestra listo para su estudio en el escritorio (i.). Describió un pez puescoespín que había sido tragado por un tiburón, el cual, en apariencia devorado encontró la salida por el costado: "¿Quién imaginaría que un pez tan pequeño podría destruir al gran tiburón salvaje?"

Reflector flexible para estudiar especímenes bajo el microscopio

Buscador angulado o probador para partir bloques de tejido y varios órganos

Escalpelo aguja para cortar nervios

Escalpelo fino para cortar músculos y vasos

VER A TRAVÉS DE LAS MANCHAS

Los cuerpos de peces son preservados y preparados mediante sustancias químicas, dependiendo de qué objeto será estudiado. En la técnica de alizarina, la carne y órganos suaves de las criaturas se vuelven una jalea transparente; y las partes más duras, como huesos y espinas de aletas, son manchadas con rosa profundo por el tinte alizarina (obtenido de una planta de la India). El esqueleto completo puede ser estudiado bajo el microscopio, revelando las formas y proporciones de varios huesos.

ÚTILES DE TRABAJO

Varios instrumentos especializados son necesarios para examinar la estructura interna de un pez. Los huesos y los músculos son fuertes; exponer los órganos sin dañarlos requiere gran habilidad y cuidado.

Cincel de hueso para cortar escama exterior dura y hueso grueso

Escalpelo para cortar piel exterior y escamas

Finas pinzas para separar vasos y órganos pequeños para su estudio

Jeringas y agujas hipodérmicas para inyectar conservadores

GALERÍA DE PECES

Libros y catálogos ayudan a identificar un espécimen poco familiar. Las fotografías no mienten, pero a menudo un buen dibujo es mejor para transmitir las características de una especie

RAYOS X DE PEZ

Los huesos y cartílagos de los peces se ven blancos en una pantalla de rayos X (ab.), cuyas imágenes pueden usarse para estudiar la estructura ósea de peces vivos, mostrando cómo se desarrollan y envejecen, así como sus enfermedades.

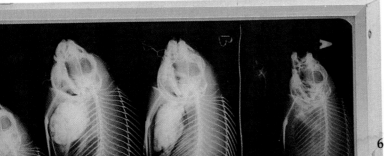

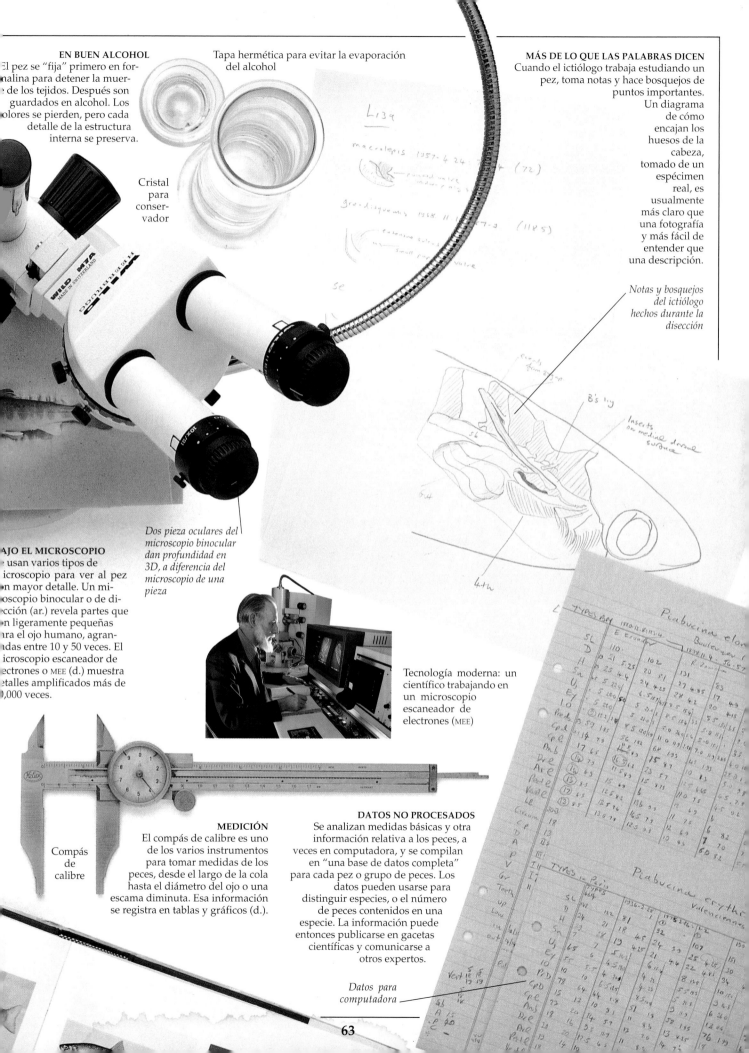

EN BUEN ALCOHOL

El pez se "fija" primero en formalina para detener la muerte de los tejidos. Después son guardados en alcohol. Los colores se pierden, pero cada detalle de la estructura interna se preserva.

Tapa hermética para evitar la evaporación del alcohol

Cristal para conservador

MÁS DE LO QUE LAS PALABRAS DICEN

Cuando el ictiólogo trabaja estudiando un pez, toma notas y hace bosquejos de puntos importantes. Un diagrama de cómo encajan los huesos de la cabeza, tomado de un espécimen real, es usualmente más claro que una fotografía y más fácil de entender que una descripción.

Notas y bosquejos del ictiólogo hechos durante la disección

BAJO EL MICROSCOPIO

Se usan varios tipos de microscopio para ver al pez con mayor detalle. Un microscopio binocular o de disección (ar.) revela partes que son ligeramente pequeñas para el ojo humano, agrandadas entre 10 y 50 veces. El microscopio escaneador de electrones o MEE (d.) muestra detalles amplificados más de 100,000 veces.

Dos pieza oculares del microscopio binocular dan profundidad en 3D, a diferencia del microscopio de una pieza

Tecnología moderna: un científico trabajando en un microscopio escaneador de electrones (MEE)

MEDICIÓN

El compás de calibre es uno de los varios instrumentos para tomar medidas de los peces, desde el largo de la cola hasta el diámetro del ojo o una escama diminuta. Esa información se registra en tablas y gráficos (d.).

Compás de calibre

DATOS NO PROCESADOS

Se analizan medidas básicas y otra información relativa a los peces, a veces en computadora, y se compilan en "una base de datos completa" para cada pez o grupo de peces. Los datos pueden usarse para distinguir especies, o el número de peces contenidos en una especie. La información puede entonces publicarse en gacetas científicas y comunicarse a otros expertos.

Datos para computadora

Índice

Reconocimientos

Dorling Kindersley agradece a:
Geoff Potts, Fred Frettsome y Vicky Irlam, de la Marine Biological Association, Plymouth; Rick Elliot y el grupo de Waterlife Research Industries Ltd.; Neil Fletcher; Simon Newnes & Partners, Billingsgate, Londres; Richard Davies de OSF por las fotografías de las pp. 28-29, 32-33; Bari Howell de MAFF, Conwy por proporcionar huevos y crías para las pp. 24-25; Barney Kindersley; Lester Cheeseman y Jane Coney por el trabajo adicional en el diseño; Jane Parker por el índice.

Créditos fotográficos

ar. = arriba; ab. = abajo; c. = centro; i. = izquierda; d. = derecha

Ardea: 37c.d., 58ar.i.
Biofotos/Heather Angel: 32ar.i.
Anthony Blake/Roux Bros: 42ar.i.
Bruce Coleman Ltd/Kim Taylor: 43ar.i.
Philip Dowell: 18ar.i., 18c.i., 18ab.d.
Mary Evans Picture Library: 6ar.i., 14c.i., 17ar.d., 20ar.i., 30c.i., 30ar.d., 61ab.i.
Robert Harding Picture Library: 29ab.d., 55ar.i.
Dave King: 27c.d.
Kobal Collection: 59ab.i.
Frank Lane Picture Agency/Stevie McCutcheon: 28ar.d.
David Morbey/Natural History Museum: 63c.
A. Van den Nieuwenhuizen: 28ab.
Planet Earth Pictures: 44ar.d., 44c.i., 53ar.i., 60ab.i.; James King: 52ab.i.; John & Gillian Lythgoe: 49ar.d.; Jane McKinnon: 23ar.c.; Paulo Oliveira: 45ar.i.; Peter Scoones: 11ab.d., 51ar.d.; Bill Wood: 47ar.
Gary Summons/Natural History Museum: 62ar.
Survival Anglia/Alan Root: 33ar.d.
Frank Spooner Pictures: 54c., 54ab.c., 54ab.i.
Zefa/J. Schupe: 7ar.d.

Ilustraciones: John Woodcock

Investigación iconográfica: Kathy Lockley